判例INDEX

刑事責任能力

疾患別に見る裁判所の判断

第一法規「判例体系」編集部［編集］

第一法規

本書のご利用にあたって

1　本書について

・本書は、責任能力・訴訟能力に関する重要判例を被告人の疾患別に整理し、裁判所における判断の傾向を確認することを目的とした書籍です。

・責任能力の章(I)では、判例を被告人の疾患別に整理のうえ、心神喪失事例、心神耗弱事例、完全責任能力肯定事例の順に登載いたしました。

・訴訟能力の章(II)では、判例を被告人の疾患別に整理のうえ、訴訟能力否定事例、訴訟能力肯定事例の順に登載いたしました。

・責任能力・訴訟能力に関する結論のほか、判決要旨、上下審情報、評釈を収録していますので、判例調査のためのインデックス情報としてご活用いただけます。

2　収録内容

(1)　収録判例、判決要旨について

・収録判例及び判決要旨は、弊社判例情報データベース「D1-Law.com判例体系」の「刑法」「刑事訴訟法」収録の判例・要旨を使用しています。

・各収録判例の書誌情報には弊社判例情報データベース「D1-Law.com判例体系」の判例IDを付していますので、判決本文に簡単にアクセスすることができます。

(2)　目次への紐付けについて

・各判例で問題となった被告人の疾患については、主要なものを取り上げていますので、判決文に記述があっても本書では取り上げていない場合もあります。

3　判例出典略語

・以下の略語を使用しています。

刑集	最高裁判所刑事判例集
集刑	最高裁判所裁判集刑事
高刑集	高等裁判所刑事判例集
裁時	裁判所時報
判時	判例時報
判タ	判例タイムズ
東高刑時報	東京高等裁判所（刑事）判決時報
高刑速	高等裁判所刑事裁判速報集
裁判所ウェブ	裁判所ウェブサイト

目次

判例INDEX
刑事責任能力
疾患別に見る裁判所の判断

本書のご利用にあたって

I 責任能力

1 脳器質性精神障害（認知症など）…… 2
2 アルコールによる影響…… 9
3 薬物による影響…… 25
4 統合失調症・統合失調症様障害…… 43
5 妄想性障害（パラノイア）…… 76
6 急性一過性精神病性障害・短期精神病性障害…… 90
7 非定型精神病…… 92
8 気分障害（うつ病など）…… 93
9 強迫性障害…… 107
10 心的外傷後ストレス障害（PTSD）…… 108
11 ストレス関連障害…… 110
12 解離性同一性障害…… 111
13 摂食障害…… 116
14 パーソナリティ障害…… 117
15 窃盗症…… 128
16 性的倒錯…… 130
17 精神遅滞…… 132
18 発達障害…… 145
19 てんかん…… 157
20 糖尿病…… 166

21　クラインフェルター症候群……………………………………………… 167
22　マインドコントロール等………………………………………………… 169

II　訴訟能力

1　脳器質性精神障害（認知症など）……………………………………… 176
2　統合失調症……………………………………………………………… 181
3　精神遅滞………………………………………………………………… 186
4　発達障害………………………………………………………………… 189
5　聴覚障害………………………………………………………………… 190
6　異常な言動・行動……………………………………………………… 194

責任能力・訴訟能力判断別索引……………………………………………… 197

I

判例INDEX

責任能力

1. 脳器質性精神障害（認知症など）

001

大阪高裁平成5年2月24日判決［28025072］
◆判時1505号156頁
〔破棄自判〕＜確定＞

責任能力	心神耗弱

事件名	殺人被告事件
判決要旨	被告人が、脳動脈硬化性精神障害、妄想様体験及び寝覚め時の意識低下により抑制力が低下していたときは、心神耗弱の状態にあったものというべきである。
上下審	**第一審**：和歌山地裁平成3年3月27日判決［28175607］

002

東京高裁令和元年8月27日判決［28283644］
◆高刑速（令元）239頁
〔控訴棄却〕

責任能力	完全責任能力肯定

事件名	窃盗被告事件
判決要旨	同種前科で執行猶予中に更に万引きに及び、第一審で懲役10月の実刑とされた被告人について、控訴審で証言した医師による被告人が本件犯行当時から前頭側頭型認知症に罹患していたとの診断は信用できるとする一方で、本件犯行当時、被告人の事理弁識能力及び行動制御能力に、特に酌むべきような減退は認められないとして、原判決の量刑が維持された事例。

003

京都地裁平成 29 年 11 月 7 日判決［28254528］

◆判時 2391 号 89 頁 / 裁判所ウェブ

〔有罪〕＜控訴＞

責任能力	完全責任能力肯定

事 件 名	殺人、強盗殺人未遂被告事件
判決要旨	アルツハイマー型認知症を発症している被告人について、犯行当時には被告人は認知症に罹患しておらず、精神の障害は認められないとして、完全責任能力が認められ、また、裁判時においても、被告人としての重要な利害を弁別し、それに従って相当な防御をする能力（訴訟能力）が認められた事例。
上 下 審	**上告審**：最高裁令和 3 年 6 月 29 日判決 / 集刑 329 号 101 頁［28293057］〔棄却〕 **控訴審**：大阪高裁令和元年 5 月 24 日判決 / 裁判所ウェブ［28272382］〔棄却〕

004

高知地裁平成29年8月7日判決［28253016］
◆判時2372号134頁
〔有罪〕＜確定＞

責任能力	完全責任能力肯定

事件名	窃盗被告事件
判決要旨	高齢者の万引きの事案で、被告人は前頭側頭型認知症にり患し、弁識制御能力を喪失・減弱していた可能性があり、正式な精神鑑定の必要がある旨を述べる専門医の意見書が提出されたにもかかわらず、鑑定を実施せずに完全責任能力を認めた差戻し前第一審判決の判断が、控訴審において破棄された後の差戻審において、被告人はアルツハイマー型認知症により判断能力等が低下していたが、事理弁識能力又は行動制御能力の減退の程度は著しいものにまで至ってはいなかったとして、完全責任能力が認められた事例（執行猶予期間中の再犯について、罰金刑を選択）。
上下審	**控訴審**：高松高裁平成28年6月21日判決／判時2372号129頁［28242575］〔破棄差戻〕 **第一審**：高知地裁平成28年2月19日判決［28242573］〔有罪〕
評釈	▶城下裕二・刑事法ジャーナル59号（2019年）99頁

005

大阪高裁平成 28 年 9 月 14 日判決［28243602］
◆高刑速（平 28）201 頁
〔控訴棄却〕＜上告＞

責任能力	完全責任能力肯定

事 件 名	強盗殺人、営利・生命身体加害略取、逮捕・監禁、死体損壊・遺棄、窃盗、住居侵入、窃盗未遂被告事件
判決要旨	被告人が、被害女性を車に押し込んで連れ去り、現金等を強取して殺害し、山林で死体を焼却したうえ、強取したキャッシュカードで現金自動預払機から現金を引き出し（営利・生命身体加害目的略取、逮捕・監禁、強盗殺人、死体遺棄・損壊、窃盗）、その１か月弱後に、知人である被害男性方に侵入し、現金等を強取して殺害し、強取したクレジットカードで現金自動預払機から現金を引き出そうとした（住居侵入、強盗殺人、窃盗未遂）として起訴され、弁護人から、被告人は脳の器質的な障害のために犯行当時心神耗弱であったとの主張がなされた事案において、被告人には本件に影響を及ぼすような脳の器質的な障害はないと認められ、本件犯行の動機・態様にも異常・了解困難とうかがわれる点は存在しないとして、完全責任能力が認められた事例。
上 下 審	**上告審**：最高裁平成 31 年 2 月 12 日判決 / 集刑 325 号 1 頁［28271202］〔棄却〕 **第一審**：大阪地裁堺支部平成 26 年 3 月 10 日判決［28243600］〔有罪〕

006

東京高裁平成20年5月15日判決［28145471］
◆判時2019号127頁/判タ1295号312頁
〔控訴棄却〕＜上告＞

責任能力	完全責任能力肯定

事件名	現住建造物等放火未遂、窃盗、建造物損壊、建造物侵入、現住建造物等放火被告事件
判決要旨	大型ディスカウントショップ及びスーパーマーケット4店に対する7件の連続放火等の事案につき、犯行当時、病的な前頭葉及び側頭葉の萎縮による認知機能の低下があり、ピック病による初老期認知症の影響により完全な責任能力が認められないとの主張が排斥された事例。
上下審	上告審：最高裁平成20年11月17日決定［28291179］〔棄却〕 第一審：さいたま地裁平成19年3月23日判決/判時2019号130頁［28145472］〔有罪〕

007

東京高裁平成 12 年 12 月 11 日判決［28075525］
◆高刑速（平 12）133 頁
〔控訴棄却〕

責任能力	完全責任能力肯定

事件名	殺人、現住建造物等放火、傷害被告事件
判決要旨	嫉妬に駆られて３人を殺害した事件について、心神耗弱の主張を排斥して完全責任能力を認めた原判決が維持された事例。

» 2. アルコールによる影響

008

東京高裁平成 25 年 3 月 28 日判決［28231741］
◆東高刑時報 64 巻 90 頁
〔破棄自判〕＜確定＞

責任能力	心神喪失

事件名	公務執行妨害、傷害被告事件
判決要旨	犯行時病的酩酊の状態で行われた公務執行妨害及び傷害行為につき、行為当時、是非弁別能力及び行動制御能力を欠いていた可能性を否定できず、心神喪失状態にあった疑いがあるとして、原判決を破棄して無罪が言い渡された事例。

009

大阪地裁平成5年9月24日判決［28019134］
◆判時1477号159頁／判タ854号285頁
〔無罪〕＜確定＞

責任能力	心神喪失

事件名	強盗傷人被告事件
判決要旨	強盗傷害の被告人について、犯行当時飲酒によって病的酩酊によるもうろう状態・夢幻状態にあったため、自己の行為の是非善悪を弁別し、それに従って行動する能力を完全に欠如していた可能性が高いとして、心神喪失が認められた事例。

010

札幌高裁平成 18 年 5 月 30 日判決［28145112］
◆高刑速（平 18）351 頁
〔原判決破棄〕

責任能力	心神耗弱

事件名	公務執行妨害、傷害被告事件
判決要旨	1．証人は鑑定人ではないが、その実質は精神科医が専門的知見等に基づき精神状態を鑑別した場合には、鑑定人と同様に、鑑定を行うのに必要かつ相当な範囲内でいかなる資料を用いることも許されるとされた事例。 2．再現飲酒実験が犯行当日の被告人の飲酒量を大幅に超えてなされたものであり、その実験結果によって犯行当時被告人が病的酩酊にあり事理弁識能力等が全くなかったとする鑑定は信用できず、被告人は、心神耗弱の状態にはあったものの、心神喪失の状態にはなかったとされた事例。 3．心神喪失と心神耗弱は程度に差があるにすぎないから、弁護人による心神喪失の主張があり攻防が尽くされていれば、心神耗弱の主張の有無にかかわらず、裁判所は心神耗弱の認定ができるとされた事例。

011

東京地裁平成 15 年 7 月 8 日判決［28095177］
◆判時 1850 号 145 頁
〔有罪〕<確定>

責任能力	心神耗弱

事件名	強制わいせつ致傷被告事件
判決要旨	繁華街で人通りも多い歩道上において、背後から通行中の女性の腕につかみかかり、その下着を脱がせて陰部に触れるなどし、その際、被害者に傷害を負わせた強制わいせつ致傷の事案につき、被告人が、当時、飲酒のうえ、睡眠薬を服用していたことによる混合酩酊状態にあり、心神耗弱の状態にあったことが認められた事例。

012

福岡高裁那覇支部平成 12 年 12 月 26 日判決

[28075535]

◆高刑速（平 12）209 頁

〔原判決破棄〕

責任能力	心神耗弱

事件名	道路交通法違反、業務上過失致死被告事件
判決要旨	飲酒酩酊状態で自動車を運転して高速道路を逆走し、対向してきた被害車両と正面衝突して運転手を死亡させた事案につき、犯行時完全責任能力があったとする検察官の主張を排斥し、心神耗弱が認められた事例。

013

福岡高裁平成10年9月28日判決［28045173］
◆判タ998号267頁／高刑速（平10）131頁
〔有罪、破棄自判〕＜確定＞

責任能力	心神耗弱

事件名	殺人未遂、殺人被告事件
判決要旨	主婦2人を殺傷した通り魔事件において、被告人が犯行当時異常酩酊による心神喪失の状態にあった可能性を認めることができず、心神耗弱の状態にあったものとされた事例。
上下審	第一審：福岡地裁平成7年5月19日判決／判時1544号132頁［28025089］〔無罪〕

014

大阪高裁平成7年12月8日判決［28015007］
◆判時1553号147頁
〔控訴棄却〕＜上告＞

責任能力	心神耗弱

事件名	強姦致死、殺人被告事件
判決要旨	強姦致死・殺人を犯した被告人は、軽愚域に相当する「軽度の精神遅滞者」に当たるとしたうえ、犯行の動機、内容、犯行後の行動等を総合考慮して、心神耗弱が認められた事例。
上下審	**第一審**：神戸地裁尼崎支部平成3年11月11日判決／判タ794号276頁［27921234］〔有罪〕

015

東京高裁平成6年3月25日判決［28025122］
◆判タ870号277頁
〔破棄自判〕＜上告＞

責任能力	心神耗弱

事件名	殺人被告事件
判決要旨	人格障害、覚せい剤精神病の残遺症状、多量の飲酒が複合的要因となった爆発的興奮による殺人について、心神耗弱の成立が認められた事例。
上下審	**第一審**：東京地裁平成5年7月29日判決／判時1513号179頁［28025074］〔有罪〕

016

札幌高裁平成4年10月29日判決［28025078］
◆判時1508号163頁／高刑速（平4）136頁
〔破棄自判〕＜上告＞

責任能力	心神耗弱

事件名	殺人被告事件
判決要旨	殺害行為当時飲酒酩酊によるもうろう状態に陥ったとして心神喪失を理由に無罪を言い渡した原判決を破棄し、心神耗弱の状態にあったにとどまるとして限定責任能力を認めた事例。
上下審	第一審：札幌地裁小樽支部平成2年10月8日判決［28175606］
評釈	▶安田拓人＝山上皓・季刊刑事弁護17号（1999年）88頁

017

東京高裁平成元年4月24日判決［27922002］
◆判タ708号264頁
〔破棄自判〕＜上告＞

責任能力	心神耗弱

事件名	殺人、銃砲刀剣類所持等取締法違反被告事件
判決要旨	被告人が犯行当時飲酒の結果複雑酩酊の状態にあった可能性が認められるときは、心神耗弱の状態にあったものというべきである。

018

福岡高裁平成 24 年 9 月 6 日判決［28220351］

◆高刑速（平 24）250 頁

〔破棄自判〕

責任能力	完全責任能力肯定

事 件 名	道路交通法違反、自動車運転過失傷害被告事件
判決要旨	酒酔い運転及び自動車運転過失傷害（運転中止義務違反）の事件につき、事故直前の行為（主位的訴因）は心神喪失の可能性を否定できないとして、運転開始時以降の行為（予備的訴因）につき心神耗弱を認めた原判決を破棄し、主位的訴因である事故直前の行為について完全な責任能力が肯定された事例。

019

東京高裁平成17年3月4日判決［28115391］

◆高刑速（平17）89頁

〔原判決破棄〕

責任能力	完全責任能力肯定

事件名	現住建造物等放火、殺人被告事件
判決要旨	現住建造物等放火及び殺人の事案につき、被告人は当時飲酒による複雑酩酊のため心神耗弱にあったと認定した原判決が破棄され、完全責任能力が認められた事例。

020

札幌高裁平成8年4月25日判決［28025014］
◆判時1583号149頁
〔控訴棄却〕＜上告＞

責任能力	完全責任能力肯定

事件名	傷害致死被告事件
判決要旨	傷害致死事件の控訴審において初めて責任能力が争われ、異なる3つの精神鑑定がなされた場合につき、被告人の完全責任能力を肯定した鑑定が採用された事例。
上下審	**第一審**：札幌地裁平成5年7月22日判決［28175625］

021

長崎地裁平成４年１月14日判決［28019009］
◆判時1415号142頁／判タ795号266頁
〔有罪〕＜確定＞

責任能力	完全責任能力肯定

事件名	傷害致死被告事件
判決要旨	被告人が、簡易保険の生存剰余金の受取りの件で妻と口論となり、妻に暴行を加えたが、妻が反抗するため焼酎を飲みながら複雑酩酊による心神耗弱の状態となったがなおも暴行を続けて死亡するに至らせたときは、刑法39条２項を適用すべきではない。

評　釈	▶岩橋義明・研修 527 号（1992 年）29 頁 ▶山中敬一・法学セミナー 37 巻 8 号（1992 年）134 頁 ▶曽根威彦・判例評論 405 号（判時 1430 号）（1992 年）194 頁 ▶中空壽雅・法学教室 149 号（1993 年）74 頁 ▶丸山治・判例セレクト ’92（法学教室 150 号別冊付録）（1993 年）32 頁 ▶岩井宜子・平成 4 年度重要判例解説（ジュリスト臨時増刊 1024 号）（1993 年）168 頁 ▶中空壽雅・関東学園大学法学紀要 3 巻 1 号（1993 年）289 頁 ▶石井知己・上智法学論集 38 巻 1 号（1994 年）205 頁 ▶岩井宜子・刑法判例百選〔1〕——総論＜第 4 版＞（別冊ジュリスト 142 号）（1997 年）74 頁 ▶前田雅英・刑法判例百選〔1〕——総論＜第 5 版＞（別冊ジュリスト 166 号）（2003 年）66 頁 ▶伊東研祐・刑法判例百選〔1〕——総論＜第 6 版＞（別冊ジュリスト 189 号）（2008 年）70 頁 ▶小池信太郎・刑法判例百選〔1〕——総論＜第 7 版＞（別冊ジュリスト 220 号）（2014 年）74 頁

022

大阪地裁平成元年5月29日判決［27915730］
◆判タ756号265頁
〔有罪〕＜確定＞

責任能力	完全責任能力肯定

事件名	業務上過失致死傷、道路交通法違反被告事件
判決要旨	酒酔い運転の行為当時に飲酒酩酊により心神喪失の状態にあったとしても、飲酒の時点で酒酔い運転の意思が認められるときは、完全責任能力者としての責任を負うべきである。
評釈	▶山中敬一・法学セミナー36巻10号（1991年）122頁

023

東京高裁平成 31 年 4 月 24 日判決［28272392］
◆判時 2486 号 95 頁 / 裁判所ウェブ
〔原判決破棄自判〕＜確定＞

責任能力	心神喪失

事 件 名	殺人被告事件
判決要旨	1. 刑事責任能力の判断基準としての行動制御能力の本質は、自らが行おうとする行為（犯行）が悪であることが判断できている場合に、その行為を行わないでいることができる能力であって、犯行ないしその準備行為を行うに当たって合理的に行動を制御する能力ではない。 2. 覚醒剤精神病に罹患した被告人が、妄想や幻聴の影響に基づいて、アパートの隣室に手伝いに来ていた女性を殺害した事案について、心神耗弱の状態にあったとした原判決を破棄して、心神喪失による無罪が言い渡された事例。
上 下 審	**第一審**：東京地裁立川支部平成 30 年 9 月 13 日判決 / 判時 2486 号 100 頁［28264830］〔有罪〕

024

東京高裁平成 20 年 3 月 10 日判決［28145353］
◆判タ 1269 号 324 頁
〔控訴棄却〕＜確定＞

責任能力	心神喪失

事件名	殺人、現住建造物等放火被告事件
判決要旨	団地の１室である自宅内で、母親の再婚相手で同居していた被害者に対し、口腔内にドリルを突き刺して小脳等を貫通させるなどして殺害し、その後自宅を焼損した事案につき、塩酸メチルフェニデード誘発性精神病による著しい幻覚妄想状態にあったことから、心神喪失の疑いがあるとして被告人を無罪とした原判決が維持された事例。
上下審	**第一審**：東京地裁八王子支部平成 19 年 7 月 10 日判決 / 判タ 1269 号 335 頁［28135440］〔無罪〕
評釈	▶高橋則夫・研修 736 号（2009 年）3 頁 ▶緒方あゆみ・明治学院大学法学研究 88 号（2010 年）165 頁

025

横浜地裁平成 13 年 9 月 20 日判決［28075356］
◆判タ 1088 号 265 頁 / 裁判所ウェブ
〔無罪〕＜控訴＞

責任能力	心神喪失

事件名	殺人、殺人未遂被告事件
判決要旨	自宅で同居していた父母を殺意をもって包丁で数回突き刺すなどして、父親を殺害し、母親に重傷を負わせたという殺人及び殺人未遂事件につき、覚せい剤精神病に罹患していた被告人に心神喪失を認めた事例。

026

大阪高裁平成 31 年 3 月 27 日判決［28271895］
◆判時 2488・2489 号 170 頁 / 裁判所ウェブ
〔原判決破棄自判〕＜確定＞

責任能力	心神耗弱

事件名	覚せい剤取締法違反被告事件
判決要旨	覚せい剤使用の事実について、解離性同一性障害により、覚せい剤使用時の責任能力が著しく減弱していた疑いは排斥できないとして、心神耗弱が認められた事例。
上下審	**第一審**：大阪地裁平成 30 年 12 月 4 日判決 / 判時 2488=2489 号 176 頁［28271893］〔有罪〕
評釈	▶上原大祐・鹿児島大学法学論集 54 巻 2 号（2020 年）25 頁

027

東京高裁平成 29 年 7 月 25 日判決［28265293］

◆高刑速（平 29）145 頁

〔原判決破棄自判〕

責任能力	心神耗弱

事件名	殺人未遂、覚せい剤取締法違反被告事件
判決要旨	物質誘発性精神障害（覚せい剤精神病及び覚せい剤誘発性パーソナリティ障害）にり患している被告人による殺人未遂の事案について、犯行動機は覚せい剤精神病による妄想によるものであるなど覚せい剤精神病が本件犯行に与えた影響の程度は大きいが、本件犯行には被告人の人格も寄与していることから、本件犯行当時、被告人は心神耗弱状態にあったとして、完全責任能力を認めた原判決を破棄した事例。

028

東京高裁平成18年6月27日判決［28145069］
◆高刑速（平18）103頁
〔原判決破棄〕

責任能力	心神耗弱

事件名	殺人、死体遺棄、殺人未遂、覚せい剤取締法違反被告事件
判決要旨	３名に対する殺人・死体遺棄、１名に対する殺人未遂等の事件につき、被告人が完全責任能力を有していたとすれば、死刑を選択せざるをえないが、各殺人及び殺人未遂の犯行当時、覚せい剤の影響により心神耗弱の状態にあったと認められるとして、法律上の減軽をして無期懲役が言い渡された事例。

029

東京地裁平成15年7月8日判決［28095177］
◆判時1850号145頁
〔有罪〕＜確定＞

責任能力	心神耗弱

事件名	強制わいせつ致傷被告事件
判決要旨	繁華街で人通りも多い歩道上において、背後から通行中の女性の腕につかみかかり、その下着を脱がせて陰部に触れるなどし、その際、被害者に傷害を負わせた強制わいせつ致傷の事案につき、被告人が、当時、飲酒のうえ、睡眠薬を服用していたことによる混合酩酊状態にあり、心神耗弱の状態にあったことが認められた事例。

030

東京地裁平成 14 年 3 月 25 日判決［28085037］
◆判時 1801 号 156 頁
〔有罪〕＜確定＞

責任能力	心神耗弱

事 件 名	強盗致傷、傷害、道路交通法違反被告事件
判決要旨	団体客の一人であることを装い駐車中の大型観光バスを乗り逃げして暴走させ、バスを停止させようとした運転手に衝突させて傷害を負わせた上、無免許で同バスを運転して、走行中の自動車運転手らに対して傷害を負わせた強盗致傷、傷害等の事案につき、被告人は、犯行時、市販の鎮咳剤の乱用による中毒性精神病及びこれに心因反応が加重された反応性精神病状態にあったとして、心神耗弱が認められた事例。

031

広島地裁平成９年８月５日判決［28035445］
◆判タ973号262頁
〔有罪〕＜控訴＞

責任能力	心神耗弱

事 件 名	覚せい剤取締法違反被告事件
判決要旨	慢性覚せい剤精神病の被告人が覚せい剤を注射して自己使用した行為は、心神耗弱状態にあったと認められ、それを招いた原因を特定できないため、完全責任能力時の犯意を認定できず、「原因において自由な行為」の法理は適用できない。

032

名古屋高裁金沢支部平成７年２月９日判決［28025091］
◆判時 1542 号 26 頁
〔一部変更、一部控訴、抗告棄却、一部控訴、抗告却下、一部破棄差戻、一部破棄自判、一部取消〕<上告>

責任能力	心神耗弱

事件名	殺人被告事件
判決要旨	被告人は本件犯行当時、シンナー乱用による幻覚、妄想により是非を弁別し、かつ、その弁識に従って行動する能力が著しく減弱していた状態、すなわち責任能力が著しく減弱していた心神耗弱の状態にあったものと認められる。
上下審	**第一審**：福井地裁平成２年９月26日判決／判時1380号25頁［27921191］〔一部有罪、一部無罪〕
評釈	▶長沼範良・判例評論449号（判時1564号）（1996年）216頁

033

東京高裁平成 6 年 3 月 25 日判決［28025122］
◆判タ 870 号 277 頁
〔破棄自判〕＜上告＞

責任能力	心神耗弱

事件名	殺人被告事件
判決要旨	人格障害、覚せい剤精神病の残遺症状、多量の飲酒が複合的要因となった爆発的興奮による殺人について、心神耗弱の成立が認められた事例。
上下審	**第一審**：東京地裁平成 5 年 7 月 29 日判決／判時 1513 号 179 頁［28025074］〔有罪〕

034

浦和地裁川越支部平成２年 10 月 11 日判決
[27917282]
◆判時 1382 号 137 頁 / 判タ 742 号 214 頁
〔有罪〕＜確定＞

責任能力	心神耗弱

事件名	覚せい剤取締法違反、殺人未遂、公務執行妨害、殺人、銃砲刀剣類所持等取締法違反、火薬類取締法違反被告事件
判決要旨	被告人が、覚せい剤中毒後遺症の症状再燃による被害妄想および１度に多量の覚せい剤を使用したことにより急性中毒に陥り、住宅地で短銃を乱射して警察官１名を殺害し、住民３人にも重軽傷を負わせたが、犯行時の行動は合目的的であって了解可能なものであり、被告人は当時その行為の意味内容を認識しており、重大な結果を引起こしたことに思い及び自殺をはかっているなどの事実に照らせば、心神喪失の状態にあったものとは認められず、心神耗弱の状態にあったものというべきである。

035

横浜地裁令和2年3月16日判決［28281255］
◆判時2482号105頁／裁判所ウェブ
〔控訴〕＜後、取下げ、確定＞

責任能力	完全責任能力肯定

事件名	建造物侵入、殺人、殺人未遂、逮捕致傷、逮捕、銃砲刀剣類所持等取締法違反被告事件
判決要旨	意思疎通ができないと自己が考える障害者を多数殺害する目的で、障害者施設に侵入し、19名を死亡させ、24名に傷害を負わせるなどした殺人、殺人未遂等の事件について、動因逸脱症候群を伴う大麻精神病に罹患していた疑いは残らず、何らかの精神障害が本件犯行に影響を与えたとは考えられないとして、完全責任能力が認められた事例。

036

大阪高裁平成29年3月9日判決［28251054］
◆判時2370号90頁／判タ1443号92頁／裁判所ウェブ
〔原判決破棄自判〕＜上告＞

責任能力	完全責任能力肯定

事件名	殺人、銃砲刀剣類所持等取締法違反被告事件
判決要旨	被告人が、精神障害に起因する幻聴が聞こえ、路上で通行人2名を包丁で刺殺してその責任能力が争われた事案（心斎橋通り魔殺人事件）において、控訴審が、本件犯行は被告人本来の人格と甚だしい異質性があるものでなく、精神障害に支配され又は著しく影響を受けていたものとは認められないとして、被告人の完全責任能力を認めた原判決の判断を是認した事例。
上下審	**上告審**：最高裁令和元年12月2日判決／集刑327号17頁［28274525］〔棄却〕 **第一審**：大阪地裁平成27年6月26日判決／判時2280号136頁［28232578］〔有罪〕
評釈	▶安田拓人・法学教室450号（2018年）142頁 ▶柳瀬昇・判例評論721号（判時2392号）（2019年）148頁

037

東京高裁平成 16 年 3 月 2 日判決［28115098］
◆高刑速（平 16）66 頁
〔控訴棄却〕

責任能力	完全責任能力肯定

事 件 名	非現住建造物等放火、覚せい剤取締法違反被告事件
判決要旨	幻覚・妄想状態が見られる覚せい剤中毒者であっても、その幻覚・妄想の責任能力への影響は、被告人の犯行時の病状、犯行の動機、態様、犯行前の生活状況等を総合して評価しなければならないとして、非現住建造物等放火につき、被告人に完全責任能力を認めた第一審判決が維持された事例。

038

東京地裁平成 15 年 6 月 10 日判決［28085741］
◆判時 1836 号 117 頁 / 裁判所ウェブ
〔有罪〕＜控訴＞

責任能力	完全責任能力肯定

事件名	殺人、死体遺棄、殺人未遂、覚せい剤取締法違反被告事件
判決要旨	覚せい剤精神病に罹患している被告人が、覚せい剤を使用し、仲間のホームレス３人をバタフライナイフで殺害して死体を遺棄し、更にもう１人を殺害しようとして遂げなかった事案につき、被告人に関する精神鑑定が心神耗弱と完全責任能力とに分かれたところ、完全責任能力が認められ、検察官の求刑どおり、被告人に死刑が言い渡された事例。

039

東京高裁平成 14 年 6 月 27 日判決［28095121］

◆東高刑時報 53 巻 1＝12 号 71 頁

〔棄却〕＜上告＞

責任能力	完全責任能力肯定

事件名	毒物及び劇物取締法違反被告事件
判決要旨	現行犯逮捕時におけるシンナーの吸入目的所持の事案につき、所持時点におけるシンナー吸入による意識状態のいかんを問わず、完全な責任非難を加えることができるとされた事例。

040

大阪地裁平成 11 年 1 月 12 日判決［28055164］
◆判タ 1025 号 295 頁
〔有罪〕＜確定＞

責任能力	完全責任能力肯定

事件名	覚せい剤取締法違反被告事件
判決要旨	覚せい剤の自己使用の事案について、覚せい剤精神病による幻覚妄想を生じた状態下であったとしても、完全責任能力が肯定された事例。
評釈	▶安田拓人・判例セレクト '00（法学教室 246 号別冊付録）（2001 年）30 頁

» 4. 統合失調症・統合失調症様障害

041

広島高裁令和２年９月１日判決［28283458］

◆判時 2477 号 95 頁 / 裁判所ウェブ

〔原判決破棄自判〕＜確定＞

責任能力	心神喪失

事件名	殺人未遂被告事件
判決要旨	長女を出刃包丁で刺して殺人未遂罪で起訴された被告人Xが、起訴後の段階で守護霊に身体を動かされた旨を供述したため、統合失調症の陽性症状である作為体験の影響による犯行であったか否かが争われた事件において、第一審が、捜査段階と起訴後のXの供述を対比して前者の信用性が高いとしたうえで、精神障害の影響が強いとした精神鑑定は作為体験があったとするXの起訴後の供述が真実であることを前提としており採用できないとして、Xの完全責任能力を認めたのに対し、控訴審が、第一審の判断構造は、鑑定事項として検討されるべき作為体験の存否を精神鑑定の前提条件となる事実関係と位置づけており、精神鑑定を尊重したものとはいいがたいとして、第一審判決を破棄し、Xは心神喪失の状態にあったと認めて無罪を言い渡した事例。
上下審	**第一審**：山口地裁令和２年２月３日判決 / 判時 2477 号 102 頁［28280818］〔有罪〕

042

東京高裁平成 28 年 5 月 11 日判決［28241865］
◆判時 2377 号 112 頁 / 判タ 1431 号 144 頁 / 東高刑時報 67 巻 38 頁 / 高刑速（平 28）94 頁
〔破棄自判（無罪）〕<確定>

責任能力	心神喪失

事件名	殺人被告事件
判決要旨	被告人が弟及び祖母を果物ナイフで殺害したが、原審においては被告人が心神耗弱であることについては当事者間で争いがなく、広汎性発達障害と妄想型統合失調症が複雑に絡みつつ発展した精神障害により心神耗弱であったとされた事案において、原判決は、悪魔に関する妄想の圧倒的な影響をうかがわせる犯行態様の執拗性、過剰性、異常性に関する事情及び犯行に至る経緯における事情が多数認められるにもかかわらず、これらを適切に考慮することなく、また、妄想型統合失調症による悪魔に関する妄想は本件犯行の直接的な原動力ではなく、広汎性発達障害の方が本件犯行への影響は大きいとする点において、合理的とはいえない起訴前の精神鑑定に依拠しており、論理則、経験則等に照らして不合理な認定をしたものといわざるを得ないとして、原判決を破棄し、被告人が当時心神喪失であった合理的な疑いが残るとして、無罪の言渡しがされた事例。
上下審	第一審：長野地裁松本支部平成 26 年 12 月 24 日判決 / 判時 2377 号 119 頁［28241864］〔有罪〕

評　釈	▶高倉新喜・法学セミナー 61 巻 11 号（2016 年）130 頁 ▶上野幸彦・刑事法ジャーナル 53 号（2017 年）136 頁 ▶菅野亮・季刊刑事弁護 93 号（2018 年）70 頁 ▶中谷陽二・季刊刑事弁護 93 号（2018 年）75 頁

043

神戸地裁尼崎支部平成 22 年 4 月 19 日判決
[28185018]
◆判タ 1360 号 246 頁
〔無罪〕<確定>

責任能力	心神喪失

事 件 名	現住建造物等放火被告事件
判決要旨	実母他１名と居住する共同住宅に放火し、同住宅及び隣接共同住宅の各一部を焼損した事案につき、被告人が、犯行当時妄想型統合失調症の急性期にあり、責任能力を有していたと認めるには合理的な疑いが残るとして無罪が言い渡された事例。

044

大阪地裁平成19年2月28日判決［28145435］
◆判タ1278号334頁
〔無罪〕＜控訴（後、棄却）＞

責任能力	心神喪失

事件名	殺人、殺人未遂被告事件
判決要旨	自殺の道連れに通行人を殺害するべく、自転車に乗車中の被害者5名に対して自己が運転する普通乗用車を激突させ、2名が死亡し、3名が負傷した事案につき、被告人は犯行当時、統合失調症が急激に重症化し、高度の幻覚妄想状態にあったうえ、幻聴に支配されて、その圧倒的な影響を受けていたことから、心神喪失状態であったとの合理的疑いが残るとして無罪が言い渡された事例。

045

福岡高裁那覇支部平成16年11月25日判決
[28115114]
◆高刑速（平16）205頁
〔原判決破棄、控訴棄却〕＜確定＞

責任能力	心神喪失
事件名	殺人未遂、銃砲刀剣類所持等取締法違反、殺人、傷害被告事件
判決要旨	約15分の間に両親に対する殺人未遂及び4名の通行人に対する殺人・傷害の無差別連続殺傷事件で、被告人の責任能力が争点となった事案につき、一連の犯行を分断することなく、犯行全体が心神喪失状態にあったとして責任能力が否定された事例。

046

大阪地裁平成 15 年 9 月 16 日判決［28095581］
◆判タ 1155 号 307 頁
〔無罪〕<確定>

責任能力	心神喪失

事件名	殺人未遂・殺人被告事件
判決要旨	母親を殺害し、父親に重傷を負わせた殺人及び殺人未遂の事案につき、被告人が犯行当時重度の破瓜型精神分裂病に罹患していたとして心神喪失状態にあったことが認められ、無罪が言い渡された事例。

047

名古屋高裁平成 13 年 9 月 19 日判決［28075034］
◆判時 1765 号 149 頁
〔破棄自判〕＜確定＞

責任能力	心神喪失

事件名	殺人被告事件
判決要旨	重症の破瓜型精神分裂病による殺人につき、心神耗弱状態にあったと認定した原判決を破棄し、殺人行為時の被告人の是非弁別能力は著しく減弱しており、その行動制御能力は完全に失われていたものと疑うべき合理的な理由があり、本件犯行は心神喪失者の行為であるとして、無罪を言い渡した事例。
上下審	**第一審**：岐阜地裁平成 12 年 4 月 25 日判決［28175470］
評釈	▶近藤和哉・判例評論 531 号（判時 1812 号）（2003 年）203 頁

048

京都地裁平成8年11月28日判決［28025204］
◆判時1602号150頁
〔無罪〕＜確定＞

責任能力	心神喪失

事件名	窃盗、銃砲刀剣類所持等取締法違反、強盗殺人未遂、殺人、殺人未遂被告事件
判決要旨	殺人、強盗殺人未遂等の事案につき、犯行当時、精神分裂病に罹患していたため心神喪失の状態にあったとの合理的疑いが存すると認められるときは心神喪失により無罪を言い渡すべきである。
評釈	▶指宿信・法学セミナー42巻3号（1997年）108頁

049

大阪高裁平成4年10月29日判決［28025079］
◆判時1508号170頁
〔破棄自判〕＜確定＞

責任能力	心神喪失

事件名	殺人被告事件
判決要旨	犯行当時被告人は妄想性障害による心神耗弱状態にあったにとどまるとして限定責任能力を認めた原判決を破棄し、妄想型の精神分裂病の影響によって心神喪失の状態にあったと認め、無罪を言い渡した事例。
上下審	第一審：和歌山地裁平成2年12月11日判決／判時1508号175頁［28175605］
評釈	▶安田拓人・甲南法学39巻1＝2号（1999年）77頁

050

東京地裁八王子支部平成元年6月26日判決
[27922005]
◆判タ713号278頁
〔無罪〕＜確定＞

責任能力	心神喪失

事件名	強盗致傷被告事件
判決要旨	精神分裂病に罹患していた被告人が、強盗致傷の犯行当時、精神分裂病に伴う重篤な強迫観念にとらわれ、行為選択の自由を失っていたときは、心神喪失の状態にあったものというべきである。

051

東京高裁平成23年5月12日判決［28211211］
◆東高刑時報62巻46頁
〔控訴棄却〕＜上告（後、棄却）＞

責任能力	心神耗弱

事件名	殺人被告事件
判決要旨	被告人の精神症状に関する鑑定意見が分かれていた殺人の事案において、控訴審で鑑定を実施し、その結果に基づき被告人が統合失調型障害に罹患していたと認め、心神耗弱とした原判決の認定が是認された事例。

052

最高裁平成 21 年 12 月 8 日決定［28155943］
◆刑集 63 巻 11 号 2829 頁 / 集刑 299 号 531 頁 / 裁時 1497 号 15 頁 / 判時 2070 号 156 頁 / 判タ 1318 号 100 頁 / 裁判所ウェブ
〔棄却〕＜確定＞

責任能力	心神耗弱

事件名	殺人、殺人未遂、銃砲刀剣類所持等取締法違反被告事件
判決要旨	1．裁判所は、特定の精神鑑定の意見の一部を採用した場合においても、責任能力の有無・程度について、当該意見の他の部分に拘束されることなく、被告人の犯行当時の病状、犯行前の生活状態、犯行の動機・態様等を総合して判定することができる。 2．精神医学者の精神鑑定における意見のうち被告人が心神喪失の状態にあったとする部分を前提資料や推論過程に疑問があるとして採用せず、責任能力の有無・程度について、被告人の犯行当時の病状、犯行前後の言動や犯行の動機、従前の生活状態から推認される人格傾向等を総合考慮して、統合失調症による病的体験と犯行との関係、被告人の本来の人格傾向と犯行との関連性の程度等を検討し、被告人が心神耗弱の状態にあったと認定した原判決の判断手法に誤りはない。
上下審	**控訴審**：大阪高裁平成 20 年 7 月 23 日判決 / 刑集 63 巻 11 号 2873 頁［28168706］〔破棄自判〕 **第一審**：京都地裁平成 18 年 2 月 27 日判決 / 刑集 63 巻 11 号 2848 頁［28168705］〔有罪〕

評　釈

▶正木祐史・法学セミナー55巻3号（2010年）124頁
▶前田雅英・警察学論集63巻4号（2010年）156頁
▶中川武隆・刑事法ジャーナル23号（2010年）91頁
▶嘉門優・速報判例解説〔7〕（法学セミナー増刊）（2010年）179頁
▶任介辰哉・ジュリスト1414号（2011年）236頁
▶箭野章五郎・法学新報〔中央大学〕118巻1＝2号（2011年）703頁
▶上原大祐・年報医事法学26号（2011年）235頁
▶田野尻猛・警察学論集64巻11号（2011年）151頁
▶林美月子・平成22年度重要判例解説（ジュリスト臨時増刊1420号）（2011年）202頁
▶緒方あゆみ・判例セレクト2010〔1〕（法学教室365号別冊付録）（2011年）32頁
▶林美月子・論究ジュリスト2号（2012年）258頁
▶任介辰哉・法曹時報64巻10号（2012年）270頁
▶任介辰哉・最高裁判所判例解説――刑事篇＜平成21年度＞（2013年）646頁
▶任介辰哉・最高裁　時の判例〔平成21年～平成23年〕〔7〕（ジュリスト増刊）（2014年）278頁
▶安田拓人・刑法判例百選〔1〕――総論＜第7版＞（別冊ジュリスト220号）（2014年）72頁
▶箭野章五郎・法学新報〔中央大学〕121巻11=12号（2015年）59頁
▶橋爪隆・警察学論集70巻5号（2017年）138頁

053

東京高裁平成 21 年 9 月 16 日判決［28175020］

◆高刑速（平 21）129 頁

〔原判決破棄〕

責任能力	心神耗弱

事 件 名	殺人被告事件
判決要旨	自宅で引きこもりの生活をしていた被告人が両親及び姉を殺害した事案につき、統合失調症の影響下にあるとして心神喪失による無罪を言い渡した第一審を破棄し、心神耗弱が認められた事例。

054

東京高裁平成 21 年 5 月 25 日判決［28155841］
◆高刑集 62 巻 2 号 1 頁 / 判時 2049 号 150 頁 / 判タ 1318 号 269 頁 / 東京高刑時報 60 巻 67 頁 / 高刑速（平 21）109 頁 / 裁判所ウェブ
〔原判決破棄自判〕＜上告＞

責任能力	心神耗弱

事件名	傷害致死被告事件
判決要旨	被告人が、約 12 年前に塗装工として働いていた塗装店に出向き、同店経営者に対し、いきなりその顔面及び頭部を手拳で数回殴打する暴行を加え、その頭部を同店備品、路面等に打ち付けさせて、外傷性くも膜下出血により死亡させた傷害致死の事案の差戻後控訴審において、心神喪失とした両鑑定意見について直ちにその信用性を肯定することはできないとして、本件犯行時の被告人の精神状態は、統合失調症の被害妄想に強く影響されていたが、善悪の判断能力及びその判断に従って行動する能力は、全くない状態ではなかったと認められ、本件当時の責任能力については、心神喪失ではなく、心神耗弱と判断された事例。
上下審	**差戻上告審**：最高裁平成 23 年 11 月 28 日決定［28290448］〔棄却〕 **上告審**：最高裁平成 20 年 4 月 25 日判決 / 刑集 62 巻 5 号 1559 頁［28145282］〔破棄差戻〕 **控訴審**：東京高裁平成 18 年 3 月 23 日判決 / 刑集 62 巻 5 号 1604 頁［28145445］〔原判決破棄自判〕 **第一審**：東京地裁平成 16 年 10 月 29 日判決 / 刑集 62 巻 5 号 1592 頁［28145444］〔無罪〕

評　　釈	▶田野尻猛・警察学論集 65 巻 5 号（2012 年）172 頁

055

名古屋高裁平成 20 年 9 月 18 日判決［28165643］
◆高刑速（平 20）177 頁
〔控訴棄却〕

責任能力	心神耗弱

事 件 名	窃盗、殺人、傷害被告事件
判決要旨	仮釈放中の被告人が、ショッピングセンターにおいて、ペティーナイフ１本を盗んだうえ、このナイフを使って乳児を殺害し、さらに、幼児と成人女性を蹴るなどして傷害を負わせた事案につき、各犯行時の被告人の精神状態に関する４つの鑑定ないし意見のうちの１鑑定に基づいて統合失調症による心神耗弱と判断した第一審判決が維持された事例。

056

東京高裁平成 18 年 11 月 21 日判決［28145033］
◆東高刑時報 57 巻 1 =12 号 64 頁
〔破棄自判〕＜確定＞

責任能力	心神耗弱

事件名	窃盗被告事件
判決要旨	窃盗事件の被告人に対して、犯行当時、以前病院で受診した時より悪化しており、統合失調症の精神症状の影響下にあったとして心神耗弱が認められた事例。

057

東京地裁平成9年8月12日判決［28035205］
◆判時1629号156頁／判タ965号270頁
〔有罪〕＜控訴＞

責任能力	心神耗弱

事件名	殺人、銃砲刀剣類所持等取締法違反被告事件
判決要旨	医師である被害者から手術に際し人体実験をされたとの被害妄想を抱き、待ち伏せして同人をけん銃で射殺した事案につき、心神耗弱の成立を認められ、懲役12年の刑を言い渡した事例。（青物横丁駅構内医師射殺事件第一審判決）

058

東京高裁平成8年2月19日判決［28035021］

◆東高刑時報47巻1=12号20頁

〔破棄自判〕

責任能力	心神耗弱

事件名	建造物侵入、窃盗被告事件
判決要旨	被告人は晩発性精神分裂病に基づく幻覚、妄想状態にあったが、同人の建造物侵入、窃盗行為はこれらの病的体験とは直接の関係はなく、是非弁別能力・行動能力が著しく減退した状態にあったものと認められるとして、完全責任能力があるとした原判決が破棄された事例。

059

東京地裁平成３年10月15日判決［28019007］
◆判タ780号263頁
〔有罪〕＜確定＞

責任能力	心神耗弱

事 件 名	傷害被告事件
判決要旨	被告人が本件犯行当時妄想型精神分裂病に罹患していても、本件犯行の前後を通じ、被告人は意識が清明で、一時的にもせよ錯乱状態に陥った形跡がなく、犯行に至る経緯、犯行状況、犯行後の行動に至るまで、被告人の記憶見当識は極めて明瞭で、前後矛盾するところは何ら認められないときは、心神耗弱の状態にあったものというべきである。

060

東京高裁平成元年7月10日判決［27921150］
◆判タ714号256頁
〔破棄自判〕＜確定＞

責任能力	心神耗弱

事件名	窃盗被告事件
判決要旨	被告人が、窃盗の犯行当時、精神分裂病に罹患していたとしても、行為の意味を理解しながら行っていたとみられるときは、心神喪失ではなく心神耗弱の状態にあったものというべきである。

061

広島高裁平成元年3月23日判決［27922323］
◆高刑速（平元）213頁
〔控訴棄却〕＜上告＞

責任能力	心神耗弱

事件名	殺人未遂被告事件
判決要旨	被告人は本件殺人未遂の犯行当時精神分裂病に罹患し、その程度は不全寛解状態の下位もしくは軽快状態の上位にあり、思考障害、感情鈍麻が相当進行していたが、本件犯行が妄想に支配されたものではなく、動機も了解可能であり、被告人が犯行前後の状況についておおむね記憶していることなどの事情に照らし、犯行当時心神喪失の状態にはなく、心神耗弱の状態にあったものというべきである。

062

東京高裁令和元年 12 月 5 日判決［28280988］

◆判時 2471 号 113 頁 / 判タ 1477 号 110 頁 / 東高刑時報 70 巻 89 頁

〔原判決破棄自判〕＜上告＞

責任能力	完全責任能力肯定

事件名	住居侵入、強盗殺人、死体遺棄被告事件
判決要旨	3日間にわたり、3軒の民家に侵入し、家人合計6名を殺害するなどした強盗殺人等被告事件（いわゆる熊谷6人殺害事件）において、外国人の被告人に統合失調症による被害妄想を認めつつ、精神障害は背景的、間接的な影響を与える程度にとどまっていたとして完全責任能力を認めた原判断は、犯行当時の被告人の精神的な不穏状態が動機形成過程に及ぼした影響等を十分に検討していない点で不合理であるとしつつ、本件各犯行は統合失調症による被害妄想及び精神的な不穏状態に非常に大きく影響されていたものの、これらに完全に支配されていたとまで評価することはできず、被告人は心神耗弱の状態にあったとして、被告人に無期懲役が言い渡された事例。
上下審	上告審：最高裁令和2年9月9日決定［28283767］〔棄却〕 第一審：さいたま地裁平成 30 年3月9日判決 / 判時 2416 号 98 頁［28261482］〔有罪〕

評　釈	▶小池信太郎・法学セミナー66巻2号（2021年）23頁 ▶稗田雅洋・刑事法ジャーナル68号（2021年）84頁 ▶徳永元（刑事判例研究会）・立命館法学398号（2021年）458頁 ▶友田博之・速報判例解説〔29〕―新・判例解説Watch【2021年10月】（法学セミナー増刊）（2021年）199頁

063

大阪高裁令和元年７月16日判決［28273126］

◆高刑速（令元）401頁／裁判所ウェブ

〔原判決破棄自判〕＜上告（後、取下げ）＞

責任能力	完全責任能力肯定

事件名	殺人、銃砲刀剣類所持等取締法違反被告事件
判決要旨	近隣の小学生男児である被害者が自宅前を頻繁に通過したことを契機に同人から嫌がらせを受けているとの妄想を抱き、鉈様の刃物で被害者の胸部・頭部等を多数回突き刺すなどして失血死させて殺害したという殺人、銃砲刀剣類所持等取締法違反の事件について、原審が、検察側が嘱託した鑑定人による「統合失調症又は妄想性障害の疑い」の診断に基づいて心神耗弱を認定して、被告人に懲役16年の刑を言い渡したのに対し、控訴審において、裁判所が職権で精神鑑定を実施し、「自閉スペクトラム症（最軽症）」の診断に基づいて完全責任能力を認定したものの、同症の影響が犯行全般に及んでいることを評価し、懲役16年の量刑が維持された事例。
上下審	**第一審**：和歌山地裁平成29年3月28日判決［28251201］〔有罪〕
評釈	▶田岡直博＝水谷恭史＝菅野亮＝五十嵐禎人・季刊刑事弁護103号（2020年）134頁

064

東京地裁平成21年3月26日判決［28155851］
◆判時2051号157頁
〔有罪〕＜確定＞

責任能力	完全責任能力肯定

事件名	殺人未遂被告事件
判決要旨	同居の実母に対して殺意をもって牛刀で数回突き刺したが傷害を負わせたにとどまった事案につき、統合失調症に罹患していた被告人について、動機の了解可能性や合目的的な行動などから判断して完全責任能力が認められた事例。

065

横浜地裁平成16年5月25日判決［28105318］
◆判タ1183号341頁
〔有罪〕＜確定＞

責任能力	完全責任能力肯定

事件名	現住建造物等放火、住居侵入未遂、住居侵入、窃盗被告事件
判決要旨	義叔母と同居する二世帯住宅に放火して建物を全焼させた現住建造物等放火等につき、精神病の治療歴のある被告人の犯行時の責任能力及び現在の訴訟能力がいずれも肯認された事例。

066

東京高裁平成15年9月29日判決［28095402］

◆東高刑時報54巻1=12号61頁

〔控訴棄却〕＜上告＞

責任能力	完全責任能力肯定

事 件 名	殺人、殺人未遂、銃砲刀剣類所持等取締法違反、傷害、暴行被告事件
判決要旨	日中の繁華街において、２名を殺害し、１名に重傷を負わせ、更に、通行人らに追われて逃げる途中で通行人７名に包丁で切り付け、そのうち５名に傷害を負わせた事案につき、犯行時の被告人に完全責任能力を認めて死刑を言い渡した原判決が維持された事例。

067

大阪地裁平成15年8月28日判決［28095012］
◆判時1837号13頁
〔有罪〕＜控訴（後、取下げ）＞

責任能力	完全責任能力肯定

事件名	建造物侵入、殺人、殺人未遂、銃砲刀剣類所持等取締法違反、傷害、暴行、器物損壊被告事件
判決要旨	児童を無差別に殺害する目的で小学校に侵入して、出刃包丁を用いて児童に襲いかかり、児童8人を殺害し、児童13人、教諭2人を負傷させた事案につき、被告人の完全責任能力を認め、死刑が言い渡された事例。
評釈	▶城下裕二・判例評論563号（判時1909号）（2006年）192頁

068

東京高裁平成 10 年 7 月 14 日判決［28055008］

◆東高刑時報 49 巻 1 =12 号 40 頁

〔破棄自判〕＜確定＞

責任能力	完全責任能力肯定

事件名	常習累犯窃盗、建造物侵入、非現住建造物等放火被告事件
判決要旨	クラインフェルター症候群に罹患している者が犯した複数の犯罪について、精神分裂病様症状の発現の程度を個別に判断し、責任能力が認められた事例。

069

東京地裁平成8年8月20日判決［28035015］

◆判時1621号155頁

〔有罪〕＜確定＞

責任能力	完全責任能力肯定

事件名	尊属傷害致死（変更後の罪名傷害致死）被告事件
判決要旨	実父に対する暴行による傷害事件につき、心神耗弱が否定され、完全責任能力が認められた事例。

》5. 妄想性障害（パラノイア）

070

神戸地裁平成6年5月10日判決［28025075］
◆判時1515号172頁
〔無罪〕＜確定＞

責任能力	心神喪失

事件名	殺人、傷害被告事件
判決要旨	パラノイアに罹患していた被告人による殺人及び傷害事件について、心神喪失状態にあったものと認められた事例。

071

千葉地裁平成2年10月15日判決［27922039］

◆判タ771号283頁

〔無罪〕＜確定＞

責任能力	心神喪失

事件名	殺人被告事件
判決要旨	重度の妄想性障害の精神障害を有する母親が、自閉症の実子を窒息死させて殺害したときは、犯行当時心神喪失の状態にあったものというべきである。

072

大阪地裁平成元年6月28日判決［27922017］

◆判タ730号250頁

〔無罪〕＜確定＞

責任能力	心神喪失

事件名	傷害被告事件
判決要旨	被告人は本件傷害の犯行当時強度の被害妄想が存し、パラノイアとしては症状は重いものであり、本件犯行も被害妄想に基づく幻覚症状下において惹起されたものであるときは、心神喪失の状態にあったものというべきである。

073

東京高裁平成 22 年 7 月 14 日判決［28180906］
◆判タ 1380 号 251 頁 / 東高刑時報 61 巻 176 頁
〔破棄自判〕＜上告＞

責任能力	心神耗弱

事件名	殺人被告事件
判決要旨	従業員寮内で知人を包丁で刺殺したという殺人の事案につき、被害者から危害を加えられるかもしれないとの思い違いは、心神耗弱状態にあった被告人の被害妄想であるとして、誤想過剰防衛の成立が否定された事例。
上下審	**上告審**：最高裁平成 22 年 12 月 8 日決定［28302956］〔棄却〕

074

福岡高裁那覇支部平成22年3月9日判決[28166616]
◆判時2073号153頁／判タ1331号278頁／裁判所ウェブ
〔破棄自判〕＜確定＞

責任能力	心神耗弱

事件名	殺人被告事件
判決要旨	持続性妄想性障害に罹患している被告人の殺人事件につき、原審で行われた精神鑑定には疑問があり、被告人の事理弁識能力又は行動制御能力は持続性妄想性障害により著しく減退していた疑いがあるとして、前記鑑定に依拠して完全責任能力を認めた原判決を破棄し、心神耗弱による減軽を認めた事例。
上下審	**第一審**：那覇地裁平成21年3月31日判決［28175149］
評釈	▶正木祐史・法学セミナー55巻9号（2010年）124頁

075

東京高裁平成 15 年 12 月 9 日判決［28095327］
◆東高刑時報 54 巻 1＝12 号 87 頁 / 高刑速（平 15）113 頁
〔破棄自判〕＜上告＞

責任能力	心神耗弱

事件名	現住建造物等放火、殺人、殺人未遂被告事件
判決要旨	殺人、現住建造物放火等の事案につき、犯行時に妄想性障害のため心神耗弱の状態にあったとして、完全責任能力を認めた原判決が破棄された事例。
上下審	**第一審**：水戸地裁平成 14 年 3 月 4 日判決 / 裁判所ウェブ［28075482］〔有罪〕

076

東京地裁平成9年8月12日判決［28035205］

◆判時1629号156頁／判タ965号270頁

〔有罪〕＜控訴＞

責任能力	心神耗弱

事件名	殺人、銃砲刀剣類所持等取締法違反被告事件
判決要旨	医師である被害者から手術に際し人体実験をされたとの被害妄想を抱き、待ち伏せして同人をけん銃で射殺した事案につき、心神耗弱の成立を認められ、懲役12年の刑を言い渡した事例。（青物横丁駅構内医師射殺事件第一審判決）

077

大阪高裁令和元年7月16日判決［28273126］
◆高刑速（令元）401頁／裁判所ウェブ
〔原判決破棄自判〕＜上告（後、取下げ）＞

責任能力	完全責任能力肯定

事件名	殺人、銃砲刀剣類所持等取締法違反被告事件
判決要旨	近隣の小学生男児である被害者が自宅前を頻繁に通過したことを契機に同人から嫌がらせを受けているとの妄想を抱き、鉈様の刃物で被害者の胸部・頭部等を多数回突き刺すなどして失血死させて殺害したという殺人、銃砲刀剣類所持等取締法違反の事件について、原審が、検察側が嘱託した鑑定人による「統合失調症又は妄想性障害の疑い」の診断に基づいて心神耗弱を認定して、被告人に懲役16年の刑を言い渡したのに対し、控訴審において、裁判所が職権で精神鑑定を実施し、「自閉スペクトラム症（最軽症）」の診断に基づいて完全責任能力を認定したものの、同症の影響が犯行全般に及んでいることを評価し、懲役16年の量刑が維持された事例。
上下審	**第一審**：和歌山地裁平成29年3月28日判決［28251201］〔有罪〕
評釈	▶田岡直博＝水谷恭史＝菅野亮＝五十嵐禎人・季刊刑事弁護103号（2020年）134頁

078

山口地裁平成 27 年 7 月 28 日判決［28241644］

◆判時 2285 号 137 頁

〔有罪〕＜控訴＞

責任能力	完全責任能力肯定

事件名	殺人、非現住建造物等放火被告事件
判決要旨	妄想性障害の状態にあった被告人が、近隣住民が自分に嫌がらせをしているとの妄想を抱き、それに対する報復として５名を殺害、住居２棟に放火し、その犯行時の責任能力が争われた事案において、被告人の妄想は報復という犯行の動機を形成する過程に影響したとはいえるが、報復をするか否か、報復をする場合にどのような方法をとるかについては、被告人が元来の人格に基づいて選択したものと認められるとして、被告人の完全責任能力が認められた事例。
上下審	**上告審**：最高裁令和元年 7 月 11 日判決 / 集刑 326 号 133 頁［28273291］〔棄却〕 **控訴審**：広島高裁平成 28 年 9 月 13 日判決［28243757］〔棄却〕

079

最高裁平成 27 年 5 月 25 日判決［28231801］
◆集刑 317 号 1 頁 / 裁時 1628 号 4 頁 / 判時 2265 号 123 頁 / 判タ 1415 号 77 頁 / 裁判所ウェブ
〔棄却〕＜確定＞

責任能力	完全責任能力肯定

事件名	殺人、殺人未遂、現住建造物等放火被告事件
判決要旨	妄想性障害に罹患していた被告人が実行した殺人、殺人未遂等の事案につき、事理弁識能力及び行動制御能力が著しく低下していたとまでは認められないとする原判決が是認された事例。
上下審	控訴審：大阪高裁平成 25 年 4 月 26 日判決［28231802］ 第一審：神戸地裁平成 21 年 5 月 29 日判決 / 判時 2053 号 150 頁［28155903］〔有罪〕

▼

評　釈

▶前田雅英・捜査研究64巻8号（2015年）55頁
▶豊田兼彦・法学セミナー60巻10号（2015年）129頁
▶安田拓人・判例セレクト2015〔1〕（法学教室425号別冊付録）（2016年）28頁
▶山中友理・年報医事法学31号（2016年）163頁
▶岡上雅美・平成27年度重要判例解説（ジュリスト臨時増刊1492号）（2016年）149頁
▶橋爪隆・警察学論集70巻5号（2017年）138頁
▶浅田和茂・速報判例解説〔20〕（法学セミナー増刊）（2017年）199頁
▶緒方あゆみ・同志社法学69巻4号（2017年）187頁
▶箭野章五郎・法学新報〔中央大学〕125巻1＝2号（2018年）185頁

080

山口地裁下関支部平成14年9月20日判決
[28085096]
◆判時1824号140頁／裁判所ウェブ
〔有罪〕＜控訴＞

責任能力	完全責任能力肯定

事 件 名	殺人、殺人未遂、銃砲刀剣類所持等取締法違反被告事件
判決要旨	無差別大量殺人を計画した被告人が、白昼、ＪＲ駅付近の歩道上や同駅コンコース内に自動車を運転して進入し、通行人に車両を衝突させ、轢過し、更に携行していた包丁で駅構内やホーム上にいた人たちを刺したり切りつけるなどして、５人を殺害し、10人に重軽傷を負わせた殺人、殺人未遂等について、妄想性障害（パラノイア）による心神耗弱等の鑑定意見を排斥して、被告人の完全責任能力を認めた事例。
上 下 審	**控訴審**：広島高裁平成17年6月28日判決／裁判所ウェブ［28105313］〔棄却〕
評　　釈	▶中島広樹・平成法政研究9巻1号（2004年）201頁

081

東京高裁平成10年8月10日判決［28055009］

◆東高刑時報49巻1=12号44頁

〔棄却〕＜上告＞

責任能力	完全責任能力肯定

事件名	強姦致傷、準強姦、名誉毀損被告事件
判決要旨	名誉毀損行為についてパラノイアに罹患していなかったとして完全責任能力を肯定した原判決を維持した事例。

082

横浜地裁平成４年５月13日判決［28019015］

◆判タ819号202頁

〔有罪〕＜控訴＞

責任能力	完全責任能力肯定

事件名	殺人、死体損壊被告事件
判決要旨	被告人Ａ（男）と同Ｂ（女）とが共謀の上、Ｂの夫Ｃ（Ａの従弟）に対し、同人に取り憑いた悪魔を祓うためと称して、同人の身体に塩を付け、擦る等しているうち、加虐的心理が嵩じ、それまでに鬱積した苛立ちの念を払拭したいという衝動にかられたことなどから、ＢがＣの足をベルト等で緊縛し、Ｃの上に馬乗りとなって押さえつけ、ＡがＣの首を締めつけて、Ｃを窒息死させ、その後２人がかりで、およそ３日間にわたり、Ｃの死体の皮膚を剥ぎ、眼球や内蔵を取り出し、骨を切断するなどして死体を損壊した場合において、鑑定の結果等を総合すると、被告人らは加虐行為の継続による興奮（Ａ）、悪魔祓い等の観念へのこだわり（Ｂ）等から、ある程度判断力が低下していたとは認められるものの、心神喪失ないし心神耗弱状態にはなかったものというべきである。
上下審	**控訴審**：東京高裁平成６年２月９日判決［28166996］〔控訴棄却〕

》6. 急性一過性精神病性障害・短期精神病性障害

083

広島高裁松江支部平成 18 年 9 月 25 日判決
[28135161]
◆判タ 1233 号 344 頁
〔控訴棄却〕＜確定＞

責任能力	心神耗弱

事 件 名	殺人被告事件
判決要旨	老母殺害の動機と不可分一体として密接に関連している自殺企図の動機は了解不可能な妄想によるものとし、老母殺害の犯行について心神耗弱が認められた事例。
上 下 審	**第一審**：松江地裁平成 17 年 12 月 13 日判決［28175230］

084

東京高裁平成 22 年 6 月 22 日判決［28175868］

◆判タ 1357 号 234 頁

〔控訴棄却〕＜確定＞

責任能力	完全責任能力肯定

事 件 名	殺人、死体損壊、死体遺棄被告事件
判決要旨	夫殺害の殺人、死体損壊、死体遺棄の犯行につき、各犯行当時、被告人が短期精神病性障害に罹患して行動制御能力を喪失していたとする一審における２人の精神鑑定の信用性を否定し、被告人に精神障害はなかったとする二審の鑑定の信用性を肯定し、被告人に完全責任能力が認められた事例。
上 下 審	**第一審**：東京地裁平成 20 年 4 月 28 日判決［28145494］〔有罪〕

》7. 非定型精神病

085

東京高裁平成24年10月3日判決［28220333］
◆高刑速（平24）137頁
〔破棄自判〕

責任能力	完全責任能力肯定

事件名	強盗傷人被告事件
判決要旨	原判決では、被告人には境界性パーソナリティ障害があり軽度の精神遅滞の状態にあったものの人格異質性は認められないとしたが、その鑑定結果を否定し、非典型的な気分障害ないし非定型精神病に罹患している可能性があることを前提に、本件犯行当時、被告人が自己の行為の是非善悪を正しく判断する能力及びその判断に従って自己の行動を制御する能力が一定程度減弱していた可能性があるとしても、これらが著しく減弱するまでには至っていなかったとして、責任能力が肯定された事例。

» 8. 気分障害（うつ病など）

086

大阪地裁平成 26 年 9 月 3 日判決［28224116］

◆判タ 1425 号 337 頁 / 裁判所ウェブ

〔無罪〕＜確定＞

責任能力	心神喪失

事 件 名	殺人被告事件
判決要旨	母親が、重度の知的障害を有し難病にも罹患した娘との無理心中を図り、同女を殺害した事案について、介護の負担や娘の病状は将来を悲観しなければならないほどの状況ではないから、これまで愛情を注いで養育してきた娘の殺害行為に及んだのは、被告人の元々の人格に基づく判断によるものではなく、うつ病の影響のみによる疑いがあり、心神喪失の状態にあったとして、無罪が言い渡された事例。

087

東京高裁平成18年11月13日判決［28145032］
◆東高刑時報57巻1＝12号61頁／高刑速（平18）226頁
〔破棄自判〕＜確定＞

責任能力	心神喪失

事件名	殺人被告事件
判決要旨	3歳の実子を窒息死させた被告人に心神耗弱を認めた原判決を破棄し、内因性うつ病による心神喪失が認められた事例。

088

東京地裁平成５年４月14日判決［28019115］

◆判時1477号155頁／判タ840号238頁

〔無罪〕＜確定＞

責任能力	心神喪失

事 件 名	殺人被告事件
判決要旨	無理心中を企て２人の子供を殺害した母親について、犯行時自己の行為の善悪を判断する能力は有していたものの、内因性うつ病に罹患していたため、是非善悪の判断に従って自己の行為を制御する能力を失っていたとして心神喪失状態と認められた事例。

089

浦和地裁平成元年８月23日判決［27922007］
◆判タ717号225頁
〔無罪〕＜確定＞

責任能力	心神喪失

事件名	殺人被告事件
判決要旨	母親である被告人が思春期前期の実子３名を殺害した場合において、被告人は犯行当時かなり重症の内因性うつ病に罹患しその病勢期にあったもので、右うつ病に起因する思考の抑制・制止・希死念慮等に支配されて犯行に及んだものであるときは、心神喪失の状態にあったものというべきである。

090

東京地裁平成元年5月19日判決［27922000］

◆判タ705号262頁

〔無罪〕＜確定＞

責任能力	心神喪失

事件名	殺人被告事件
判決要旨	被告人が、同居していた父（89歳）、母（87歳）を包丁で殺害した犯行当時、内因性躁うつ病のうつ病相期にあり、その精神障害の程度も重いものであったときは、心神喪失の状態にあったものというべきである。
評　　釈	▶川端博・法学セミナー35巻3号（1990年）108頁 ▶川端博・刑法判例演習教室（1995年）64頁 ▶堀越孝＝岡田幸之・季刊刑事弁護17号（1999年）67頁

091

千葉地裁平成29年3月3日判決［28251017］
◆判時2355号115頁
〔有罪〕＜確定＞

責任能力	心神耗弱

事件名	殺人被告事件
判決要旨	被告人が、重度のうつ病から生じた自殺念慮の影響により、無理心中を考えて生後５か月の長女を殺害したとして、その責任能力が争われた事案において、被告人は弁識能力及び制御能力が著しく減少していたと認められるが、犯行の動機・経緯には被告人本来の性格傾向が少なからず影響しており、正常な心理も残っていたとして、心神耗弱を認めた事例。

092

広島高裁松江支部平成 18 年 9 月 25 日判決
[28135161]
◆判タ 1233 号 344 頁
〔控訴棄却〕＜確定＞

責任能力	心神耗弱

事件名	殺人被告事件
判決要旨	老母殺害の動機と不可分一体として密接に関連している自殺企図の動機は了解不可能な妄想によるものとし、老母殺害の犯行について心神耗弱が認められた事例。
上下審	**第一審**：松江地裁平成 17 年 12 月 13 日判決［28175230］

093

東京地裁平成 17 年 3 月 23 日判決［28105301］
◆判タ 1182 号 129 頁
〔有罪〕＜確定＞

責任能力	心神耗弱

事件名	航空機の強取等の処罰に関する法律違反、殺人、銃砲刀剣類所持等取締法違反被告事件
判決要旨	大型航空機に乗り込んで所携の洋包丁を用いて、脅迫・暴行を加え、同機の運航を支配するとともに、機長を殺害したハイジャック事件につき、被告人は、犯行当時、抗うつ剤によるうつ状態の治療の途上に生じたうつ状態とそう状態の混合状態にあるとして、心神耗弱が認定された事例。

094

東京地裁八王子支部平成 10 年 10 月 26 日判決
[28045036]
◆判時 1660 号 159 頁
〔有罪〕＜確定＞

責任能力	心神耗弱

事 件 名	殺人被告事件
判決要旨	生後約７か月のえい児を殺害した母親が、犯行当時抑うつ状態にあったときは、心神耗弱の状態にあったものというべきであり、執行猶予付の懲役が相当である。

095

名古屋高裁平成30年3月23日判決［28262109］
◆判時2402号115頁／裁判所ウェブ
〔控訴棄却〕＜上告＞

責任能力	完全責任能力肯定

事件名	殺人未遂、火炎びんの使用等の処罰に関する法律違反、器物損壊、殺人、現住建造物等放火未遂被告事件
判決要旨	被告人が高校在学中に同級生らに硫酸タリウムを投与した殺人未遂、大学入学後に来訪した知人を殺害した殺人、知人方に放火して知人を殺害しようとした現住建造物等放火未遂、殺人未遂等の事案について、発達障害や双極性障害等の精神障害に起因する精神症状の影響の程度は限定的なものにとどまるとして、完全責任能力を認めて被告人を無期懲役に処した原判決が是認された事例。
上下審	**上告審**：最高裁令和元年10月15日決定［28274384］〔棄却〕 **第一審**：名古屋地裁平成29年3月24日判決／判時2366号112頁［28251155］〔有罪〕

096

福岡高裁那覇支部平成29年10月19日判決
[28254017]
◆高刑速（平29）288頁
〔控訴棄却〕

責任能力	完全責任能力肯定

事件名	殺人被告事件
判決要旨	軽度精神発達遅滞でありうつ病に罹患している被告人が、実子２人とともに自殺しようとして入水し、実子２人を溺死させたとされる殺人被告事件の控訴審において、被告人に完全責任能力を認め、被告人を懲役12年に処した原判決が維持された事例。
上下審	第一審：那覇地裁平成29年2月22日判決［28254016］〔有罪〕

097

東京高裁平成 24 年 10 月 3 日判決［28220333］
◆高刑速（平 24）137 頁
〔破棄自判〕

責任能力	完全責任能力肯定

事件名	強盗傷人被告事件
判決要旨	原判決では、被告人には境界性パーソナリティ障害があり軽度の精神遅滞の状態にあったものの人格異質性は認められないとしたが、その鑑定結果を否定し、非典型的な気分障害ないし非定型精神病に罹患している可能性があることを前提に、本件犯行当時、被告人が自己の行為の是非善悪を正しく判断する能力及びその判断に従って自己の行動を制御する能力が一定程度減弱していた可能性があるとしても、これらが著しく減弱するまでには至っていなかったとして、責任能力が肯定された事例。

098

東京地裁平成21年6月4日判決［28165837］

◆判タ1315号282頁

〔有罪〕＜確定＞

責任能力	完全責任能力肯定

事件名	殺人、殺人未遂被告事件
判決要旨	中等度うつ病エピソードに相当する精神障害に罹患していた被告人が、家族を道連れに無理心中を企て、両親・妻を殺害し、息子２人を傷害するにとどまった殺人・殺人未遂の事案につき、被告人に完全責任能力を認めた事例。

099

東京地裁平成８年８月20日判決［28035015］
◆判時1621号155頁
〔有罪〕＜確定＞

責任能力	完全責任能力肯定

事件名	尊属傷害致死（変更後の罪名傷害致死）被告事件
判決要旨	実父に対する暴行による傷害事件につき、心神耗弱が否定され、完全責任能力が認められた事例。

» 9. 強迫性障害

100

新潟地裁平成 14 年 1 月 22 日判決［28075302］

◆刑集 57 巻 7 号 923 頁 / 判時 1780 号 150 頁 / 判タ 1095 号 93 頁

〔有罪〕＜控訴＞

責任能力	完全責任能力肯定

事件名	未成年者略取、逮捕監禁致傷、窃盗被告事件
判決要旨	9歳の女児を略取するとともに逮捕監禁し、そのまま同女を9年2か月にわたって自宅内に監禁し続け、その結果、同女に両下肢筋力低下等の傷害を与えた未成年者略取、逮捕監禁致傷、及び、監禁中の同女に着用させるために下着4枚を万引きした窃盗の事案について、被告人に完全責任能力が認められた事例。
上下審	**上告審**：最高裁平成 15 年 7 月 10 日判決 / 刑集 57 巻 7 号 903 頁［28085590］〔破棄自判〕 **控訴審**：東京高裁平成 14 年 12 月 10 日判決 / 高刑集 55 巻 3 号 7 頁［28085200］〔破棄自判〕
評釈	▶ジュリスト 1218 号（2002 年）5 頁 ▶前原宏一・法学セミナー 47 巻 8 号（2002 年）71 頁 ▶安達光治・法学セミナー 48 巻 6 号（2003 年）18 頁 ▶斎藤信治・中央ロー・ジャーナル 1 巻 1 号（2004 年）113 頁 ▶鈴木博康・九州国際大学法学論集 13 巻 3 号（2007 年）82 頁

» 10. 心的外傷後ストレス障害（PTSD）

101

山形地裁平成 19 年 5 月 23 日判決［28135339］
◆判時 1976 号 146 頁 / 判タ 1273 号 320 頁 / 裁判所ウェブ
〔有罪〕＜控訴＞

責任能力	完全責任能力肯定

事件名	殺人、同未遂（変更後の訴因住居侵入、殺人、同未遂）、銃砲刀剣類所持等取締法違反被告事件
判決要旨	被告人が小学生のころ、当時中学生であった被害者から性的暴行を受けたことが原因で 10 年以上にわたり心身に異常を来していたことに起因して、被害者の実家に侵入して大型の模造刀で被害者を殺害すると共に、犯行の邪魔となった被害者の両親の殺害をも決意し、父親を殺害し、母親には傷害を負わせた事案につき、PTSD との関係で刑事責任能力を肯定したうえ、無期懲役が言い渡された事例。

102

東京地裁平成 10 年 4 月 17 日判決［28045030］
◆判タ 989 号 77 頁
〔有罪〕＜確定＞

責任能力	完全責任能力肯定

事 件 名	殺人被告事件
判決要旨	家庭内暴力に苦しんでいた父親が 14 歳の長男を金属バットで殴打するなどして殺害した事案について、本件犯行当時、複雑型 PTSD（心的外傷後ストレス障害）の症状を呈しておらず、心神耗弱状態にあったとは認められない。

》11. ストレス関連障害

103

東京高裁平成24年9月12日判決［28222451］
◆東高刑時報63巻189頁
〔控訴棄却〕＜上告＞

責任能力	完全責任能力肯定

事件名	殺人、殺人未遂、公務執行妨害、銃砲刀剣類所持等取締法違反被告事件
判決要旨	秋葉原の路上で無差別大量殺人を企て、無関係な被害者らを無差別に殺傷した行為に対して原判決が死刑を言い渡した事案につき、犯行の動機とその実行との間に飛躍と呼ぶほどの隔たりはないなどとして、完全責任能力を認めた原判決の判断は妥当であったとして、原判決が維持された事例。
上下審	**上告審**：最高裁平成27年2月2日判決/集刑316号1頁［28230834］〔棄却〕

» 12. 解離性同一性障害

104

東京地裁平成 20 年 5 月 27 日判決［28155076］

◆判時 2023 号 158 頁

〔一部有罪、一部無罪〕＜控訴＞

責任能力	心神喪失（死体損壊罪） 完全責任能力肯定（殺人罪）

事 件 名	殺人、死体損壊被告事件
判決要旨	妹を殺害し、遺体を包丁で切断した殺人及び死体損壊の事案につき、殺人罪については完全責任能力が認められ有罪とされたが、死体損壊罪については解離性同一性障害による心神喪失状態にあったとして無罪が言い渡された事例。
評　　釈	▶上原大祐・広島法学〔広島大学〕33 巻 2 号（2009 年）71 頁 ▶上原大祐・年報医事法学 25 号（2010 年）122 頁

105

大阪高裁平成 31 年 3 月 27 日判決［28271895］

◆判時 2488・2489 号 170 頁 / 裁判所ウェブ

〔原判決破棄自判〕＜確定＞

責任能力	心神耗弱

事件名	覚せい剤取締法違反被告事件
判決要旨	覚せい剤使用の事実について、解離性同一性障害により、覚せい剤使用時の責任能力が著しく減弱していた疑いは排斥できないとして、心神耗弱が認められた事例。
上下審	**第一審**：大阪地裁平成 30 年 12 月 4 日判決 / 判時 2488=2489 号 176 頁［28271893］〔有罪〕
評釈	▶上原大祐・鹿児島大学法学論集 54 巻 2 号（2020 年）25 頁

106

東京高裁平成 30 年 2 月 27 日判決［28262350］
◆判時 2409 号 118 頁 / 高刑速（平 30）107 頁
〔原判決破棄自判〕＜確定＞

責任能力	心神耗弱

事件名	窃盗被告事件
判決要旨	1．同一日に３店舗で多数の物品を万引きした被告人について、解離性同一性障害に罹患しており、本件各犯行当時においても、同障害により主人格とは別の人格状態にあったと認められ、心神耗弱の状態にあったとされた事例。 2．解離性同一性障害に罹患した者が副人格の状態で犯行に及んだ場合であっても、一律に責任能力を欠くと解すべきではなく、副人格が現れた点を含む同障害の症状の態様や程度によって、どのような影響を受け、犯行に及んだかを検討し、責任能力の存否を判断する必要がある。
上下審	**第一審**：静岡地裁平成 29 年 7 月 18 日判決 / 判時 2409 号 124 頁［28262348］〔有罪〕
評釈	▶箭野章五郎・刑事法ジャーナル 63 号（2020 年）107 頁 ▶安田拓人・判例評論 746 号（判時 2473 号）（2021 年）138 頁

107

東京高裁令和２年１月15日判決［28292981］

◆東高刑時報71巻14頁／高刑速（令２）84頁

〔控訴棄却〕＜上告＞

責任能力	完全責任能力肯定

事件名	常習累犯窃盗被告事件
判決要旨	1．常習累犯窃盗の事件において、被告人が犯行当時、解離性同一性障害に罹患しており、その主人格ではなく、副人格が犯行に及んだといえる場合であっても、完全責任能力が認められるとした原判断が是認された事例。 2．解離性同一性障害に罹患している場合に、責任主体を人格単位でとらえ、複数の人格のうちの１つの人格のみに焦点を当てて、その人格による行動制御能力等を検討して責任能力の結論を導くような判断方法は相当ではなく、責任能力の判断に当たっては、症状としての各人格を包含する一個人として解離性同一性障害の症状が対象となる行為にどのように影響しているかを検討すべきである。
上下審	**上告審**：最高裁令和２年５月13日決定［28302959］〔棄却〕

108

東京高裁平成30年7月10日判決［28281613］

◆東高刑時報69巻49頁

〔控訴棄却〕＜上告＞

責任能力	完全責任能力肯定

事件名	大麻取締法違反、昏睡強盗被告事件
判決要旨	昏睡強盗罪で起訴された被告人が解離性同一性障害に罹患しており、犯行当時は別人格である第2人格が出現していたとして、弁護人が心神喪失を主張した事件において、控訴審が、別人格の出現をもって責任主体の交代と見るのは相当でなく、解離性同一性障害が犯行に与えた影響及び機序等を検討して責任能力の有無・程度を判断すべきであるとしたうえで、被告人に完全責任能力を認めた第一審の判断を是認した事例。
上下審	**上告審**：最高裁平成31年3月18日決定［28302957］〔棄却〕

》13. 摂食障害

109

東京高裁平成22年10月28日判決［28180921］
◆判タ1377号249頁 / 東高刑時報61巻257頁
〔破棄自判〕＜確定＞

責任能力	完全責任能力肯定

事件名	窃盗被告事件
判決要旨	執行猶予期間中に犯した３件の食料品の万引き窃盗の事案につき、各犯行は、被告人の疾患である摂食障害の影響により心神耗弱の状態にあったとの鑑定人の意見を採用せず、事理弁識能力及び行動制御能力が著しく低下していたとはいえず、完全責任能力が認められるが、懲役１年６月の実刑に処した原判決の量刑は重すぎるとして破棄し、摂食障害について治療の必要性もあるとして懲役１年・保護観察付執行猶予４年が言い渡された事例。
上下審	**第一審**：東京地裁平成22年６月９日判決［28182094］

110

東京高裁平成 29 年 7 月 25 日判決［28265293］
◆高刑速（平 29）145 頁
〔原判決破棄自判〕

責任能力	心神耗弱

事 件 名	殺人未遂、覚せい剤取締法違反被告事件
判決要旨	物質誘発性精神障害（覚せい剤精神病及び覚せい剤誘発性パーソナリティ障害）にり患している被告人による殺人未遂の事案について、犯行動機は覚せい剤精神病による妄想によるものであるなど覚せい剤精神病が本件犯行に与えた影響の程度は大きいが、本件犯行には被告人の人格も寄与していることから、本件犯行当時、被告人は心神耗弱状態にあったとして、完全責任能力を認めた原判決を破棄した事例。

111

広島高裁松江支部平成 18 年 9 月 25 日判決
[28135161]
◆判タ 1233 号 344 頁
〔控訴棄却〕＜確定＞

責任能力	心神耗弱

事件名	殺人被告事件
判決要旨	老母殺害の動機と不可分一体として密接に関連している自殺企図の動機は了解不可能な妄想によるものとし、老母殺害の犯行について心神耗弱が認められた事例。
上下審	**第一審**：松江地裁平成 17 年 12 月 13 日判決［28175230］

112

東京高裁平成18年6月27日判決［28145069］
◆高刑速（平18）103頁
〔原判決破棄〕

責任能力	心神耗弱

事件名	殺人、死体遺棄、殺人未遂、覚せい剤取締法違反被告事件
判決要旨	３名に対する殺人・死体遺棄、１名に対する殺人未遂等の事件につき、被告人が完全責任能力を有していたとすれば、死刑を選択せざるをえないが、各殺人及び殺人未遂の犯行当時、覚せい剤の影響により心神耗弱の状態にあったと認められるとして、法律上の減軽をして無期懲役が言い渡された事例。

113

東京高裁平成6年3月25日判決［28025122］
◆判タ870号277頁
〔破棄自判〕＜上告＞

責任能力	心神耗弱

事件名	殺人被告事件
判決要旨	人格障害、覚せい剤精神病の残遺症状、多量の飲酒が複合的要因となった爆発的興奮による殺人について、心神耗弱の成立が認められた事例。
上下審	第一審：東京地裁平成5年7月29日判決／判時1513号179頁［28025074］〔有罪〕

114

福岡高裁平成 26 年 6 月 24 日判決［28240364］
◆高刑速（平 26）160 頁
〔控訴棄却〕＜上告＞

責任能力	完全責任能力肯定

事件名	住居侵入、殺人、窃盗、傷害、脅迫被告事件
判決要旨	２名の殺人事件につき、被告人が非社会性パーソナリティ障害と診断されているとしても、人格（性格）の偏りの大きさが責任の軽減に必ずしも結びつくものとはいえないとして、被告人に対し死刑を宣告した原判決の判断が是認された事例。
上下審	**上告審**：最高裁平成 28 年 7 月 21 日判決 / 集刑 320 号 395 頁［28242948］〔棄却〕 **第一審**：長崎地裁平成 25 年 6 月 14 日判決［28242947］〔有罪〕

115

東京高裁平成24年10月3日判決［28220333］
◆高刑速（平24）137頁
〔破棄自判〕

責任能力	完全責任能力肯定

事件名	強盗傷人被告事件
判決要旨	原判決では、被告人には境界性パーソナリティ障害があり軽度の精神遅滞の状態にあったものの人格異質性は認められないとしたが、その鑑定結果を否定し、非典型的な気分障害ないし非定型精神病に罹患している可能性があることを前提に、本件犯行当時、被告人が自己の行為の是非善悪を正しく判断する能力及びその判断に従って自己の行動を制御する能力が一定程度減弱していた可能性があるとしても、これらが著しく減弱するまでには至っていなかったとして、責任能力が肯定された事例。

116

東京高裁平成21年7月6日判決［28166801］
◆判タ1319号277頁
〔破棄自判〕＜確定＞

責任能力	完全責任能力肯定

事件名	殺人被告事件
判決要旨	特定不能のパーソナリティー障害に罹患した被告人がサバイバルナイフで母及び弟を多数回突き刺して殺害した事案につき、検察官が、被告人に有利な事情をも相当程度斟酌したうえで法定刑の最上限の懲役30年を求刑したのに対し、被告人を懲役20年に処した原判決の量刑は軽すぎるとして、原判決を破棄し、本件パーソナリティー障害による責任能力減退は認められるが、同障害自体を一般情状を超えて被告人に有利に斟酌することはできないとして、懲役28年の刑が言い渡された事例。
上下審	**第一審**：横浜地裁小田原支部平成20年12月22日判決［28175152］

117

最高裁平成18年1月17日判決［28115066］
◆集刑289号15頁／判タ1205号129頁／裁判所ウェブ
〔棄却〕＜確定＞

責任能力	完全責任能力肯定

事件名	誘拐、殺人、死体損壊、死体遺棄、わいせつ誘拐、強制わいせつ被告事件
判決要旨	被害者4名の連続幼女誘拐殺人等の事案につき、被告人の責任能力を肯定し、原判決の死刑の量刑が維持された事例。
上下審	**控訴審**：東京高裁平成13年6月28日判決／判タ1071号108頁［28065284］〔棄却〕 **第一審**：東京地裁平成9年4月14日判決／判時1609号3頁［28025273］〔有罪〕
評釈	▶本庄武・法学セミナー51巻5号（2006年）4頁 ▶藤吉和史・志学館法学8号（2007年）1頁

118

新潟地裁平成 14 年 1 月 22 日判決［28075302］
◆刑集 57 巻 7 号 923 頁 / 判時 1780 号 150 頁 / 判タ 1095 号 93 頁
〔有罪〕＜控訴＞

責任能力	完全責任能力肯定

事件名	未成年者略取、逮捕監禁致傷、窃盗被告事件
判決要旨	9歳の女児を略取するとともに逮捕監禁し、そのまま同女を9年2か月にわたって自宅内に監禁し続け、その結果、同女に両下肢筋力低下等の傷害を与えた未成年者略取、逮捕監禁致傷、及び、監禁中の同女に着用させるために下着4枚を万引きした窃盗の事案について、被告人に完全責任能力が認められた事例。
上下審	**上告審**：最高裁平成 15 年 7 月 10 日判決 / 刑集 57 巻 7 号 903 頁［28085590］〔破棄自判〕 **控訴審**：東京高裁平成 14 年 12 月 10 日判決 / 高刑集 55 巻 3 号 7 頁［28085200］〔破棄自判〕
評釈	▶ジュリスト 1218 号（2002 年）5 頁 ▶前原宏一・法学セミナー 47 巻 8 号（2002 年）71 頁 ▶安達光治・法学セミナー 48 巻 6 号（2003 年）18 頁 ▶斎藤信治・中央ロー・ジャーナル 1 巻 1 号（2004 年）113 頁 ▶鈴木博康・九州国際大学法学論集 13 巻 3 号（2007 年）82 頁

119

名古屋高裁平成 10 年 3 月 16 日判決［28045181］
◆判時 1671 号 150 頁 / 高刑速（平 10）83 頁
〔破棄自判〕＜確定＞

責任能力	完全責任能力肯定

事件名	傷害、強制わいせつ、殺人、死体遺棄被告事件
判決要旨	女児に対する強制わいせつ、殺人、死体遺棄などの事案に対し、人格の矯正が著しく困難であり、再犯のおそれも極めて高いことなどを理由として、懲役 18 年を言い渡した第一審を破棄し、無期懲役刑を言い渡した事例。
上下審	**第一審**：岐阜地裁平成 9 年 5 月 16 日判決 / 判時 1671 号 152 頁［28045182］〔有罪〕
評釈	▶城下裕二・判例評論 495 号（判時 1703 号）（2000 年）230 頁

120

東京地裁平成元年 12 月 21 日判決［27922016］

◆判タ 730 号 246 頁

〔有罪〕＜控訴＞

責任能力	完全責任能力肯定

事 件 名	殺人、死体遺棄、窃盗被告事件
判決要旨	被告人には、出生時障害に基づくと思われる軽度の脳機能障害が認められ、特有な人格障害があるが、行動時に粗大な意識障害や病的な人格の崩壊はなく、犯行は正常心理的了解の範囲内にあるときは、心神耗弱の状態にはなかったものというべきである。

》15. 窃盗症

121

東京高裁令和２年 11 月 25 日判決［28292673］
◆刑集 75 巻 8 号 1112 頁 / 東高刑時報 71 巻 64 頁 / 高刑速（令 2）274 頁
〔原判決破棄自判〕＜上告＞

責任能力	完全責任能力肯定

事件名	窃盗被告事件
判決要旨	スーパーマーケットにおける食料品の万引き窃盗の事案で、第一審が、被告人は重症の窃盗症によって行動制御能力が著しく減退していた合理的疑いがあるとし、心神耗弱を認めたのに対して、控訴審が、第一審の判断は重症の窃盗症に罹患していたという認定事実から直ちに行動制御能力の減退可能性を基礎づけている点で不合理であるとしたうえで、被告人が柱の陰になる場所で様子をうかがいながら食料品の一部を袋に入れ、残りの食料品は清算して通常の買い物客を装うなどしていたことからすれば、被告人は周囲の状況によっては窃盗を思いとどまろうとしていたことがうかがわれるとして、被告人に完全責任能力を認めた事例。
上下審	上告審：最高裁令和３年９月７日判決 / 刑集 75 巻 8 号 1074 頁［28292743］〔破棄差戻〕 第一審：東京地裁令和２年４月３日判決 / 刑集 75 巻 8 号 1108 頁［28281738］〔有罪〕

122

高松高裁令和元年 10 月 31 日判決［28274413］
◆高刑速（令元）589 頁
〔原判決破棄、有罪〕

責任能力	完全責任能力肯定

事件名	常習累犯窃盗被告事件
判決要旨	窃盗事件において、第一審が、本件犯行は被告人の人格的・性格的な傾向により窃盗を反復累行する習癖が発現したものというよりも、窃盗症等の精神障害による影響の下で行われたものと認められるとして、被告人の常習性を否定したのに対し、控訴審が、被告人には完全責任能力が認められ、本件犯行は被告人の本来の人格によって行われたということができるとして、第一審判決を破棄し、被告人に常習累犯窃盗罪の成立を認めた事例。
上下審	**第一審**：高知地裁平成 31 年 1 月 24 日判決［28270526］

》16. 性的倒錯

123

新潟地裁平成14年1月22日判決［28075302］
◆刑集57巻7号923頁／判時1780号150頁／判タ1095号93頁
〔有罪〕＜控訴＞

責任能力	完全責任能力肯定

事件名	未成年者略取、逮捕監禁致傷、窃盗被告事件
判決要旨	９歳の女児を略取するとともに逮捕監禁し、そのまま同女を９年２か月にわたって自宅内に監禁し続け、その結果、同女に両下肢筋力低下等の傷害を与えた未成年者略取、逮捕監禁致傷、及び、監禁中の同女に着用させるために下着４枚を万引きした窃盗の事案について、被告人に完全責任能力が認められた事例。
上下審	**上告審**：最高裁平成15年7月10日判決／刑集57巻7号903頁［28085590］〔破棄自判〕 **控訴審**：東京高裁平成14年12月10日判決／高刑集55巻3号7頁［28085200］〔破棄自判〕
評釈	▶ジュリスト1218号（2002年）5頁 ▶前原宏一・法学セミナー47巻8号（2002年）71頁 ▶安達光治・法学セミナー48巻6号（2003年）18頁 ▶斎藤信治・中央ロー・ジャーナル1巻1号（2004年）113頁 ▶鈴木博康・九州国際大学法学論集13巻3号（2007年）82頁

124

名古屋高裁平成 10 年 3 月 16 日判決［28045181］
◆判時 1671 号 150 頁 / 高刑速（平 10）83 頁
〔破棄自判〕＜確定＞

責任能力	完全責任能力肯定

事件名	傷害、強制わいせつ、殺人、死体遺棄被告事件
判決要旨	女児に対する強制わいせつ、殺人、死体遺棄などの事案に対し、人格の矯正が著しく困難であり、再犯のおそれも極めて高いことなどを理由として、懲役 18 年を言い渡した第一審を破棄し、無期懲役刑を言い渡した事例。
上下審	**第一審**：岐阜地裁平成 9 年 5 月 16 日判決 / 判時 1671 号 152 頁［28045182］〔有罪〕
評釈	▶城下裕二・判例評論 495 号（判時 1703 号）（2000 年）230 頁

17. 精神遅滞

125

京都地裁平成 25 年 8 月 30 日判決［28220211］
◆判時 2204 号 142 頁
〔無罪〕<控訴>

責任能力	心神喪失

事件名	常習累犯窃盗被告事件
判決要旨	重度精神発達遅滞の被告人が、普通乗用自動車１台を窃取し、常習累犯窃盗罪で起訴された事案につき、心神喪失と認めて無罪が言い渡された事例。
上下審	**上告審**：最高裁平成 27 年 3 月 3 日決定［28261993］〔棄却〕 **控訴審**：大阪高裁平成 26 年 8 月 12 日判決［28261991］
評釈	▶丹羽正夫・判例評論 674 号（判時 2247 号）（2015 年）149 頁

126

岡山地裁平成28年8月1日判決［28254029］

◆判タ1440号245頁

〔有罪〕＜確定＞

責任能力	心神耗弱

事件名	建造物等延焼被告事件
判決要旨	中等度精神遅滞の被告人が、アパートの自室内で、被告人所有の木製ベッドを廃棄するために燃やして小さくしようと考え、ベッドに放火して焼損し、公共の危険を生じさせ、アパートに延焼させたとして延焼罪で起訴され、その責任能力が争われた事案において、被告人は、本件ベッドへの点火により周囲にどのような危険を発生させる可能性があるかについて著しく不十分な理解しかできておらず、そのため、本件犯行を思いとどまることを期待することが著しく困難な状態であったとして心神耗弱が認められた事例。

127

大阪高裁平成7年12月8日判決［28015007］
◆判時1553号147頁
〔控訴棄却〕＜上告＞

責任能力	心神耗弱

事件名	強姦致死、殺人被告事件
判決要旨	強姦致死・殺人を犯した被告人は、軽愚域に相当する「軽度の精神遅滞者」に当たるとしたうえ、犯行の動機、内容、犯行後の行動等を総合考慮して、心神耗弱が認められた事例。
上下審	**第一審**：神戸地裁尼崎支部平成3年11月11日判決／判タ794号276頁［27921234］〔有罪〕

128

名古屋地裁岡崎支部平成7年11月27日判決
[28015008]
◆判時1553号151頁
〔有罪〕＜確定＞

責任能力	心神耗弱

事件名	非現住建造物等放火被告事件
判決要旨	非現住建造物放火を犯した被告人につき、知能指数40であり、被暗示性、被影響性が強いことから、心神耗弱が認められた事例。

129

浦和地裁平成5年2月26日判決［28025094］
◆判タ824号248頁
〔有罪〕＜確定＞

責任能力	心神耗弱

事件名	殺人被告事件
判決要旨	精神鑑定の結果のとおり、被告人は犯行当時、心因性意識障害に基づき、是非善悪を弁別する能力及びその弁別に従って行動する能力が著しく減弱した状態にあったのであり、心神耗弱の状態にあったものと考える。
評釈	▶小早川義則・法学セミナー38巻7号（1993年）63頁

130

大阪地裁平成２年７月20日判決［27915738］

◆判タ759号265頁

〔有罪〕＜確定＞

責任能力	心神耗弱

事件名	公衆に著しく迷惑をかける暴力的不良行為等の防止に関する条例違反被告事件
判決要旨	被告人が、公共の場所で少女の胸部に触るなどした本件犯行当時、間脳系の障害によりきわめて強い性衝動が生じ、精神発達的遅滞のため衝動抑制力が弱く、かかる性衝動が発現した場合それを抑制することがきわめて困難であったときは、心神耗弱の状態にあったものというべきである。

131

札幌地裁平成２年４月23日判決［27922021］
◆判タ737号242頁
〔有罪〕＜確定＞

責任能力	心神耗弱

事件名	強盗致傷被告事件
判決要旨	軽度精神薄弱者で衝動的行為が出現しやすい性格傾向を有する被告人が、家人がいないものと考えて建物に侵入し、財物を窃取したところを、これに気づいた被害者から突然怒鳴られたため驚愕し異常な興奮状態に陥り、逮捕しようとした被害者を殺害したときは、心神耗弱の状態にあったものというべきである。
評釈	▶曽根威彦・法学セミナー36巻２号（1991年）125頁

132

札幌地裁平成元年 10 月 24 日判決［27922011］
◆判タ 719 号 215 頁
〔有罪〕＜確定＞

責任能力	心神耗弱

事件名	殺人被告事件
判決要旨	被告人が、5歳になる一人娘を餓死させ殺害した犯行当時、軽度精神薄弱に相当する知能の低格性に加え、易怒的・易刺戟的傾向と情性の欠如を主徴とし、自己顕示的傾向を併せ有する著しい性格異常があり、そのため心神耗弱の状態にあったものと認めるのが相当である。

133

福岡高裁那覇支部平成 29 年 10 月 19 日判決
[28254017]
◆高刑速（平 29）288 頁
〔控訴棄却〕

責任能力	完全責任能力肯定

事件名	殺人被告事件
判決要旨	軽度精神発達遅滞でありうつ病に罹患している被告人が、実子２人とともに自殺しようとして入水し、実子２人を溺死させたとされる殺人被告事件の控訴審において、被告人に完全責任能力を認め、被告人を懲役 12 年に処した原判決が維持された事例。
上下審	第一審：那覇地裁平成 29 年 2 月 22 日判決 [28254016]〔有罪〕

134

東京高裁平成 24 年 10 月 3 日判決［28220333］
◆高刑速（平 24）137 頁
〔破棄自判〕

責任能力	完全責任能力肯定

事件名	強盗傷人被告事件
判決要旨	原判決では、被告人には境界性パーソナリティ障害があり軽度の精神遅滞の状態にあったものの人格異質性は認められないとしたが、その鑑定結果を否定し、非典型的な気分障害ないし非定型精神病に罹患している可能性があることを前提に、本件犯行当時、被告人が自己の行為の是非善悪を正しく判断する能力及びその判断に従って自己の行動を制御する能力が一定程度減弱していた可能性があるとしても、これらが著しく減弱するまでには至っていなかったとして、責任能力が肯定された事例。

135

長野地裁飯田支部平成 14 年 10 月 8 日判決
[28085046]
◆判タ 1113 号 289 頁 / 裁判所ウェブ
〔有罪〕＜控訴＞

責任能力	完全責任能力肯定

事 件 名	強盗殺人・窃盗被告事件
判決要旨	被害女性を殺害してキャッシュカードと現金を強奪し、その後、強取したキャッシュカードを用いて、現金自動預払機から現金を払い出したという強盗殺人及び窃盗の事案について、クラインフェルター症候群（性染色体異常）と診断され、軽度の精神遅滞に接近した境界域にあり、軽度ながら責任能力の減退があるとの鑑定結果があるのに対し被告人に完全責任能力が認められた事例。

136

東京高裁平成10年7月14日判決［28055008］

◆東高刑時報49巻1=12号40頁

〔破棄自判〕＜確定＞

責任能力	完全責任能力肯定

事件名	常習累犯窃盗、建造物侵入、非現住建造物等放火被告事件
判決要旨	クラインフェルター症候群に罹患している者が犯した複数の犯罪について、精神分裂病様症状の発現の程度を個別に判断し、責任能力が認められた事例。

137

広島高裁平成10年2月10日判決［28035443］
◆判時1639号143頁
〔棄却〕＜上告＞

責任能力	完全責任能力肯定

事件名	殺人予備、殺人、銃砲刀剣類所持等取締法違反被告事件
判決要旨	同棲相手の親族ら3人を刺殺した被告人の責任能力について、軽度精神発達遅滞に属し、爆発的、執着的な性格を有するとした上で、完全責任能力が肯定された事例。
上下審	**第一審**：広島地裁福山支部平成3年6月25日判決／判時1407号120頁［27917292］〔有罪〕

» 18. 発達障害

138

東京高裁平成 28 年 5 月 11 日判決［28241865］

◆判時 2377 号 112 頁 / 判タ 1431 号 144 頁 / 東高刑時報 67 巻 38 頁 / 高刑速（平 28）94 頁

〔破棄自判（無罪）〕＜確定＞

責任能力	心神喪失

事件名	殺人被告事件
判決要旨	被告人が弟及び祖母を果物ナイフで殺害したが、原審においては被告人が心神耗弱であることについては当事者間で争いがなく、広汎性発達障害と妄想型統合失調症が複雑に絡みつつ発展した精神障害により心神耗弱であったとされた事案において、原判決は、悪魔に関する妄想の圧倒的な影響をうかがわせる犯行態様の執拗性、過剰性、異常性に関する事情及び犯行に至る経緯における事情が多数認められるにもかかわらず、これらを適切に考慮することなく、また、妄想型統合失調症による悪魔に関する妄想は本件犯行の直接的な原動力ではなく、広汎性発達障害の方が本件犯行への影響は大きいとする点において、合理的とはいえない起訴前の精神鑑定に依拠しており、論理則、経験則等に照らして不合理な認定をしたものといわざるを得ないとして、原判決を破棄し、被告人が当時心神喪失であった合理的な疑いが残るとして、無罪の言渡しがされた事例。
上下審	**第一審**：長野地裁松本支部平成 26 年 12 月 24 日判決 / 判時 2377 号 119 頁［28241864］〔有罪〕

▼

評　釈	▶高倉新喜・法学セミナー 61 巻 11 号（2016 年）130 頁 ▶上野幸彦・刑事法ジャーナル 53 号（2017 年）136 頁 ▶菅野亮・季刊刑事弁護 93 号（2018 年）70 頁 ▶中谷陽二・季刊刑事弁護 93 号（2018 年）75 頁

139

東京高裁平成19年5月29日判決［28155049］

◆東高刑時報58巻1=12号32頁

〔破棄自判〕＜確定＞

責任能力	心神耗弱

事件名	殺人未遂、銃砲刀剣類所持等取締法違反被告事件
判決要旨	特定不能の広汎性発達障害に起因する攻撃的衝動の影響下にある被告人が、６か月半余りを隔てて犯した２件の殺人未遂事件につき、第１事件に完全責任能力を認め、第２事件に心神耗弱を認めた第一審判決を破棄し、両事件に心神耗弱が認められた事例。

140

東京地裁八王子支部平成８年９月11日判決

[28025160]

◆判時1594号156頁／判タ934号282頁

〔有罪〕＜確定＞

責任能力	心神耗弱

事件名	現住建造物等放火被告事件
判決要旨	被告人は、現住建造物放火の犯行当時心神耗弱の状態にあったとの合理的疑いがある以上、被告人は犯行当時心神耗弱の状態にあったものというべきである。
評釈	▶林美月子・判例評論474号（判時1640号）（1998年）231頁

141

高松高裁令和元年10月31日判決［28274413］
◆高刑速（令元）589頁
〔原判決破棄、有罪〕

責任能力	完全責任能力肯定

事件名	常習累犯窃盗被告事件
判決要旨	窃盗事件において、第一審が、本件犯行は被告人の人格的・性格的な傾向により窃盗を反復累行する習癖が発現したものというよりも、窃盗症等の精神障害による影響の下で行われたものと認められるとして、被告人の常習性を否定したのに対し、控訴審が、被告人には完全責任能力が認められ、本件犯行は被告人の本来の人格によって行われたということができるとして、第一審判決を破棄し、被告人に常習累犯窃盗罪の成立を認めた事例。
上下審	**第一審**：高知地裁平成31年1月24日判決［28270526］

142

大阪高裁令和元年７月16日判決［28273126］
◆高刑速（令元）401頁／裁判所ウェブ
〔原判決破棄自判〕＜上告（後、取下げ）＞

責任能力	完全責任能力肯定

事件名	殺人、銃砲刀剣類所持等取締法違反被告事件
判決要旨	近隣の小学生男児である被害者が自宅前を頻繁に通過したことを契機に同人から嫌がらせを受けているとの妄想を抱き、鉈様の刃物で被害者の胸部・頭部等を多数回突き刺すなどして失血死させて殺害したという殺人、銃砲刀剣類所持等取締法違反の事件について、原審が、検察側が嘱託した鑑定人による「統合失調症又は妄想性障害の疑い」の診断に基づいて心神耗弱を認定して、被告人に懲役16年の刑を言い渡したのに対し、控訴審において、裁判所が職権で精神鑑定を実施し、「自閉スペクトラム症（最軽症）」の診断に基づいて完全責任能力を認定したものの、同症の影響が犯行全般に及んでいることを評価し、懲役16年の量刑が維持された事例。
上下審	第一審：和歌山地裁平成29年３月28日判決［28251201］〔有罪〕
評釈	▶田岡直博＝水谷恭史＝菅野亮＝五十嵐禎人・季刊刑事弁護103号（2020年）134頁

143

名古屋高裁平成 30 年 3 月 23 日判決［28262109］
◆判時 2402 号 115 頁 / 裁判所ウェブ
〔控訴棄却〕＜上告＞

責任能力	完全責任能力肯定

事件名	殺人未遂、火炎びんの使用等の処罰に関する法律違反、器物損壊、殺人、現住建造物等放火未遂被告事件
判決要旨	被告人が高校在学中に同級生らに硫酸タリウムを投与した殺人未遂、大学入学後に来訪した知人を殺害した殺人、知人方に放火して知人を殺害しようとした現住建造物等放火未遂、殺人未遂等の事案について、発達障害や双極性障害等の精神障害に起因する精神症状の影響の程度は限定的なものにとどまるとして、完全責任能力を認めて被告人を無期懲役に処した原判決が是認された事例。
上下審	上告審：最高裁令和元年 10 月 15 日決定［28274384］〔棄却〕 第一審：名古屋地裁平成 29 年 3 月 24 日判決 / 判時 2366 号 112 頁［28251155］〔有罪〕

144

名古屋地裁平成29年3月17日判決［28251154］

◆判時2368号130頁

〔有罪〕＜確定＞

責任能力	完全責任能力肯定

事件名	殺人、銃砲刀剣類所持等取締法違反、窃盗被告事件
判決要旨	未成年である被告人が、嫌悪する祖父に雰囲気の似た被害者に出くわし、その跡をつけてサバイバルナイフで刺殺した事件において、被告人は自閉スペクトラム症（ASD）により犯行当時心神耗弱状態であったとの主張がなされたが、裁判所は、ASDの影響があったことは否定できないものの、犯行時の行動等からすると被告人が自分の行動をコントロールできなかった状態とまでは認められないとして、被告人の完全責任能力を認めた事例。

145

東京高裁平成 24 年 3 月 5 日判決［28220320］
◆高刑速（平 24）81 頁
〔破棄自判〕

責任能力	完全責任能力肯定

事 件 名	殺人未遂、殺人被告事件
判決要旨	広汎性発達障害者（自閉症）の被告人が、３名のホームレスに対して、先端をへら状に加工した鉄パイプ等を凶器としてその頭部等を殴打するなどして死傷に至らしめた事案につき、殺意を否定して傷害致死・傷害罪を認定したうえ、犯行時に心神耗弱であったと認定した原判決を破棄し、殺意及び完全責任能力が認定された事例。

146

東京高裁平成 21 年 3 月 2 日判決［28175014］
◆高刑速（平 21）94 頁
〔控訴棄却〕

責任能力	完全責任能力肯定

事件名	殺人被告事件
判決要旨	少年による殺人の事案につき、犯行時、広汎性発達障害の影響にあったと認められるものの、行為の是非善悪を弁別し、これに従って行動する能力に欠け、あるいは著しく減退した状態にはなかったことから、完全責任能力が認められた事例。

147

東京高裁平成19年8月9日判決［28155055］
◆東高刑時報58巻1=12号59頁
〔棄却〕＜上告＞

責任能力	完全責任能力肯定

事件名	殺人未遂、傷害、銃砲刀剣類所持等取締法違反被告事件
判決要旨	被告人は、アスペルガー症候群を含む広汎性発達障害により困難な事態に直面すると適切な対処ができずに突飛あるいは極端な行動に出たり、予想外の場面で混乱しやすい「実行機能の障害」を有しているとともに、意識野の狭窄が重なって、事理弁識能力及び行動制御能力を失ったり著しく制限された状態にあったとの主張を排斥し、完全責任能力が認められた事例。

148

東京高裁平成 13 年 8 月 30 日判決［28085499］
◆高刑速（平 13）139 頁
〔控訴棄却〕

責任能力	完全責任能力肯定

事 件 名	器物損壊被告事件
判決要旨	錐などの使用により連続的に駐車してある車両のタイヤをパンクさせた器物損壊の事案につき、被告人は、アスペルガー症候群に該当すると認定されつつも、完全責任能力が認められた事例。

» 19. てんかん

149

東京地裁立川支部平成 27 年 4 月 14 日判決
[28231619]
◆判時 2283 号 142 頁
〔無罪〕＜確定＞

責任能力	心神喪失

事件名	窃盗被告事件
判決要旨	家電量販店からゲームソフト等を窃取した事案について、本件犯行当時、被告人は、非けいれん性てんかん重積(NCSE)による意識障害の状態(分別もうろう状態)にあった可能性が高く、その影響により、善悪の判断に基づき欲求や衝動を抑えることができない状態に陥っていた可能性があり、行動制御能力を失っていたとの合理的疑いが払拭できないとし、心神喪失を認定して被告人が無罪とされた事例。

150

大阪地裁平成6年9月26日判決［28025130］
◆判タ881号291頁
〔一部有罪、一部無罪〕＜確定＞

責任能力	心神喪失（無罪部分）

事件名	業務上過失致死傷、道路交通法違反被告事件
判決要旨	てんかんの疾病を有する者は、自動車運転中にてんかんの発作が起こり事故を起こすことのないよう運転を差し控えるべき注意義務がある。

151

神戸地裁尼崎支部平成２年９月３日判決［27922033］
◆判タ 766 号 280 頁
〔無罪〕＜確定＞

責任能力	心神喪失

事件名	強制わいせつ致傷、窃盗被告事件
判決要旨	被告人が強制わいせつ致傷の犯行当時、てんかんによる相当重度のもうろう状態にあり、犯行直後に犯行状態の記憶が全くなく、数日して想起した内容も断片的で漠然とした客観的な外部的事情に止まっていること、被告人には本件犯行のような傾向も全くないこと等の事情を総合すると、被告人は犯行当時心神喪失の状態にあったものというべきである。
評釈	▶山中敬一・法学セミナー 37 巻 2 号（1992 年）140 頁

152

東京地裁平成４年３月２日判決［28019012］
◆判タ 796 号 252 頁
〔有罪〕＜確定＞

責任能力	心神耗弱

事 件 名	窃盗被告事件
判決要旨	被告人が、本件万引きの犯行当時、てんかん性もうろう状態にあったとしても、各万引きの続行中、百貨店の５階から６階に移動し、一応外見的には合理的で特に異常を看取させないような行動をとっていること、百貨店の保安係員から声をかけられ紙袋の中の在中物を改められるや直ちに同係員に謝罪していることなどの事実があるときは、心神耗弱の状態にあったものというべきである。

153

大阪地裁平成3年6月26日判決［27922042］
◆判タ775号231頁
〔有罪〕＜控訴＞

責任能力	心神耗弱

事件名	殺人被告事件
判決要旨	被告人が、本件殺人の犯行当時、てんかん性要因の上に生じた覚せい剤中毒による幻覚妄想状態にあったが、犯行前後の状況をよく記憶していること等の事情を総合すれば、犯行当時、心神耗弱の状態にあったものというべきである。

154

浦和地裁川越支部平成2年12月26日判決

[27917281]

◆判時1380号144頁 / 判タ745号232頁

〔有罪〕＜確定＞

責任能力	心神耗弱

事 件 名	殺人被告事件
判決要旨	被告人は、本件殺人の犯行当時側頭葉てんかんに罹患しており、犯行直前にてんかん発作を起こしたと考えられるが、犯行の時点では発作中ではできない合目的で複雑な行動をしているときは、発作後もうろう状態で心神耗弱の状態にあったものというべきである。

155

東京地裁平成９年７月 15 日判決［28035674］
◆判時 1641 号 156 頁
〔有罪〕＜確定＞

責任能力	完全責任能力肯定

事件名	傷害被告事件
判決要旨	外傷性てんかんを患っていた被告人の傷害事件において、実行行為の着手後発作を起こし、意識がない状態にあったとしても、発作中の行為がその直前の被告人の意思に従ったものである以上、完全責任能力が認められる。
評　釈	▶山本輝之・判例セレクト’98（法学教室 222 号別冊付録）（1999 年）27 頁 ▶八澤健三郎・研修 611 号（1999 年）23 頁

156

岡山地裁平成8年7月17日判決［28035016］

◆判時1595号160頁

〔有罪〕＜控訴＞

責任能力	完全責任能力肯定

事 件 名	常習累犯窃盗被告事件
判決要旨	1個の常習累犯窃盗罪を構成する窃盗12件のうち、3件についてはてんかんの影響による心神耗弱が認められ、残り9件については完全な責任能力が認められる場合は、犯行全体について心神耗弱であったとはいえないから、刑法39条の規定は適用されない。

157

千葉地裁平成６年８月８日判決［28019082］
◆判時 1520 号 56 頁 / 判タ 858 号 107 頁
〔有罪〕＜控訴＞

責任能力	完全責任能力肯定

事件名	傷害、強姦致傷、強盗殺人、強盗強姦、恐喝、窃盗被告事件
判決要旨	犯行当時、被告人に是非を弁別する能力及び是非の弁別に従って行動を抑制する能力が著しく減退し、心神耗弱の状態にあったことを疑わせる事情はないとして、被告人に完全な責任能力を認めた事例。
上下審	**控訴審**：東京高裁平成８年７月２日判決 / 判時 1595 号 53 頁［28025020］〔棄却〕

》20. 糖尿病

158

横浜地裁平成 24 年 3 月 21 日判決［28180799］
◆判タ 1398 号 366 頁
〔無罪〕＜確定＞

責任能力	心神喪失

事 件 名	道路交通法違反被告事件
判決要旨	被告人が普通自動車を運転中に被害者運転の自転車に衝突させ傷害を負わせる交通事故を起こし、道路交通法違反の罪に問われた事案につき、交通事故当時、被告人は１型（インスリン依存型）糖尿病に起因する低血糖により「分別もうろう状態」に陥っていたことから、救護義務違反については故意を認めることができず、報告義務違反については故意はあるが責任能力を認めることができないとして、無罪が言い渡された事例。

» 21. クラインフェルター症候群

159

長野地裁飯田支部平成 14 年 10 月 8 日判決
[28085046]
◆判タ 1113 号 289 頁 / 裁判所ウェブ
〔有罪〕＜控訴＞

責任能力	完全責任能力肯定

事 件 名	強盗殺人・窃盗被告事件
判決要旨	被害女性を殺害してキャッシュカードと現金を強奪し、その後、強取したキャッシュカードを用いて、現金自動預払機から現金を払い出したという強盗殺人及び窃盗の事案について、クラインフェルター症候群（性染色体異常）と診断され、軽度の精神遅滞に接近した境界域にあり、軽度ながら責任能力の減退があるとの鑑定結果があるのに対し被告人に完全責任能力が認められた事例。

160

東京高裁平成10年7月14日判決［28055008］
◆東高刑時報49巻1＝12号40頁
〔破棄自判〕＜確定＞

責任能力	完全責任能力肯定

事件名	常習累犯窃盗、建造物侵入、非現住建造物等放火被告事件
判決要旨	クラインフェルター症候群に罹患している者が犯した複数の犯罪について、精神分裂病様症状の発現の程度を個別に判断し、責任能力が認められた事例。

» 22. マインドコントロール等

161

仙台高裁平成 17 年 11 月 22 日判決［28135233］
◆判タ 1237 号 336 頁
〔控訴棄却〕＜上告＞

責任能力	完全責任能力肯定

事件名	傷害致死、殺人、殺人未遂被告事件
判決要旨	悪霊を祓う祈祷行為であるとして信者らと共に暴行を加え続け、7名を殺傷した祈祷師である被告人につき、心神耗弱の主張が排斥され、責任能力が認められた事例。
上下審	**上告審**：最高裁平成 20 年 9 月 16 日判決 / 集刑 295 号 71 頁［28202363］〔棄却〕 **第一審**：福島地裁平成 14 年 5 月 10 日判決［28075512］〔有罪〕

162

東京高裁平成 13 年 12 月 13 日判決［28075092］

◆判タ 1081 号 155 頁 / 高刑速（平 13）162 頁 / 裁判所ウェブ

〔控訴棄却〕＜上告＞

責任能力	完全責任能力肯定

事件名	殺人被告事件
判決要旨	オウム真理教の幹部である被告人が、その教祖、幹部らと共謀し、教団を脱会しようとしていた出家信徒１名及び教団を批判しこれと対立する活動をしていた弁護士及びその妻子を殺害した事件につき、被告人に対する教団のマインドコントロールによる心神耗弱、期待可能性の減弱の主張を排斥した原判決の判断を相当とした事例。
上下審	**上告審**：最高裁平成 17 年 4 月 7 日判決 / 集刑 287 号 321 頁［28105283］〔棄却〕 **第一審**：東京地裁平成 10 年 10 月 23 日判決 / 判時 1660 号 25 頁［28045035］〔有罪〕

163

東京地裁平成 12 年 7 月 17 日判決［28075538］

◆判タ 1091 号 181 頁

〔有罪〕＜控訴＞

責任能力	完全責任能力肯定

事 件 名	被告人Ｑに対する殺人、殺人未遂、武器等製造法違反、爆発物取締罰則違反、被告人Ｓに対する殺人、殺人未遂、武器等製造法違反、被告人Ｒに対する殺人、殺人未遂、死体損壊各被告事件
判決要旨	オウム真理教幹部であった被告人３名が教団代表者や教団幹部らと共謀して遂行した地下鉄サリン事件、落田事件、新宿青酸ガス事件など計６件において、地下鉄サリン事件実行役２名は、オウム真理教代表者によるマインドコントロールの影響による心神耗弱状態にはないとされた事例。

164

東京地裁平成11年9月30日判決［28055180］
◆判タ1029号138頁
〔有罪〕＜控訴＞

責任能力	完全責任能力肯定

事件名	殺人、殺人未遂、武器等製造法違反被告事件
判決要旨	地下鉄サリン事件において、サリン散布の実行役であった被告人には、オウム教団教祖によるマインドコントロールに支配されている状態になく、責任能力あるいは期待可能性がないとはいえないとされた事例。

165

東京地裁平成 9 年 5 月 28 日判決［28035432］
◆判タ 971 号 274 頁
〔有罪〕＜確定＞

責任能力	完全責任能力肯定

事 件 名	武器等製造法違反被告事件
判決要旨	宗教団体の信者であった被告人が自動小銃の部品を大量に製造した行為は、宗教団体によるマインド・コントロール下にあったとしても責任能力又は期待可能性を欠くものではない。

II

判例INDEX

訴訟能力

》1. 脳器質性精神障害（認知症など）

166

東京高裁平成29年12月8日判決［28265318］
◆高刑速（平29）221頁
〔公訴棄却〕

訴訟能力	否定

事件名	覚せい剤取締法違反被告事件
判決要旨	覚せい剤自己使用で有罪判決を受けた被告人が控訴申立てをした後に自殺を図って入院したため控訴審において公判手続が停止していた事案において、精神鑑定を実施した上で、被告人は低酸素脳症による高次脳機能障害の影響により訴訟能力が欠如しており、その回復の見込みもないため、公判手続を再開できる可能性はないことが認められるとして、刑事訴訟法404条により同法338条4号を準用して公訴棄却の判決を言い渡した事例。

167

札幌高裁平成 29 年 3 月 14 日判決［28251058］
◆高刑速（平 29）321 頁
〔公訴棄却〕

訴訟能力	否定

事件名	窃盗被告事件
判決要旨	第一審において、窃盗事件で懲役１年４月（保護観察付執行猶予４年）に処せられ、控訴中の被告人が、控訴審の公判期日前に前頭側頭型認知症等により心神喪失状態にあるとの弁護人、検察官の意見書に基づき、公判期日を取り消し刑事訴訟法 314 条１項に基づき公判手続停止決定がなされている事案において、主治医の回答書等の資料により、被告人は前記傷病により現時点で訴訟能力が欠けているのみならず、今後も症状改善の見込みがなく、公判手続を再開できる状態に至る可能性はないと認められるので、形式的に訴訟が係属している状態のまま公判手続が停止された状況にあるとして、刑事訴訟法 404 条に従い、同法 338 条４号を準用して、公訴棄却した事例。

168

最高裁平成28年12月19日判決［28244519］
◆刑集70巻8号865頁／裁時1666号11頁／判時2369号125頁／判タ1448号66頁／裁判所ウェブ
〔破棄自判〕＜確定＞

訴訟能力	否定

事件名	殺人、銃砲刀剣類所持等取締法違反被告事件
判決要旨	1　被告人の訴訟能力がないために公判手続が停止された後、訴訟能力の回復の見込みがなく公判手続の再開の可能性がないと判断される場合、裁判所は、刑事訴訟法338条4号に準じて、判決で公訴を棄却することができると解するのが相当であると判示された事例。 2　殺人及び銃刀法違反被告事件において、第一審では、被告人の心神喪失を理由に刑事訴訟法314条1項により約17年間にわたり公判手続が停止されたうえ、被告人が非可逆的で慢性化した統合失調症の症状に加え、脳委縮による認知機能の障害が重なっており、訴訟能力はなく、その回復の見込みはないとの理由で、公訴棄却判決がされたのに対して、裁判所が訴訟手続を打ち切ることができるのは、公判手続を停止した後、訴訟能力の回復の見込みがないのに検察官が公訴を取り消さないことが明らかに不合理であると認められるような極限的な場合に限られるとの解釈に基づいて、第一審判決を破棄した原判決には、刑事訴訟法338条4号の解釈適用を誤った違法があるとの職権判断を示したうえ、原判決を破棄しなければ著しく正義に反するとし、第一審判決に対する検察官の控訴を棄却する自判がなされた事例。

上下審	**控訴審**：名古屋高裁平成27年11月16日判決／刑集70巻8号927頁［28243638］〔破棄差戻〕 **第一審**：名古屋地裁岡崎支部平成26年3月20日判決／刑集70巻8号907頁［28223093］〔公訴棄却〕
評　釈	▶宇藤崇・法学教室437号（2017年）147頁 ▶中島宏・法学セミナー62巻4号（2017年）126頁 ▶指宿信・季刊刑事弁護90号（2017年）65頁 ▶櫻井義也＝伊神喜弘・季刊刑事弁護90号（2017年）69頁 ▶松代剛枝・平成28年度重要判例解説（ジュリスト臨時増刊1505号）（2017年）192頁 ▶三好幹夫・刑事法ジャーナル54号（2017年）163頁 ▶伊藤睦・速報判例解説〔21〕（法学セミナー増刊）（2017年）207頁 ▶川田宏一・ジュリスト1520号（2018年）108頁 ▶滝沢誠・論究ジュリスト26号（2018年）208頁 ▶川田宏一・法曹時報70巻10号（2018年）323頁 ▶山田峻悠（中央大学刑事判例研究会）・法学新報〔中央大学〕125巻5＝6号（2018年）117頁 ▶高橋理恵・学習院法務研究13号（2019年）203頁 ▶川田宏一・最高裁判所判例解説――刑事篇＜平成28年度＞（2019年）274頁 ▶川田宏一・最高裁　時の判例〔平成27年～平成29年〕〔9〕（ジュリスト増刊）（2019年）434頁

169

京都地裁平成29年11月7日判決［28254528］
◆判時2391号89頁／裁判所ウェブ
〔有罪〕＜控訴＞

訴訟能力	肯定

事件名	殺人、強盗殺人未遂被告事件
判決要旨	アルツハイマー型認知症を発症している被告人について、犯行当時には被告人は認知症に罹患しておらず、精神の障害は認められないとして、完全責任能力が認められ、また、裁判時においても、被告人としての重要な利害を弁別し、それに従って相当な防御をする能力（訴訟能力）が認められた事例。
上下審	**上告審**：最高裁令和3年6月29日判決／集刑329号101頁［28293057］〔棄却〕 **控訴審**：大阪高裁令和元年5月24日判決／裁判所ウェブ［28272382］〔棄却〕

» 2. 統合失調症

170

最高裁平成 28 年 12 月 19 日判決［28244519］

◆刑集 70 巻 8 号 865 頁 / 裁時 1666 号 11 頁 / 判時 2369 号 125 頁 / 判タ 1448 号 66 頁 / 裁判所ウェブ

〔破棄自判〕＜確定＞

訴訟能力	否定

事 件 名	殺人、銃砲刀剣類所持等取締法違反被告事件
判決要旨	1　被告人の訴訟能力がないために公判手続が停止された後、訴訟能力の回復の見込みがなく公判手続の再開の可能性がないと判断される場合、裁判所は、刑事訴訟法 338 条 4 号に準じて、判決で公訴を棄却することができると解するのが相当であると判示された事例。 2　殺人及び銃刀法違反被告事件において、第一審では、被告人の心神喪失を理由に刑事訴訟法 314 条 1 項により約 17 年間にわたり公判手続が停止されたうえ、被告人が非可逆的で慢性化した統合失調症の症状に加え、脳委縮による認知機能の障害が重なっており、訴訟能力はなく、その回復の見込みはないとの理由で、公訴棄却判決がされたのに対して、裁判所が訴訟手続を打ち切ることができるのは、公判手続を停止した後、訴訟能力の回復の見込みがないのに検察官が公訴を取り消さないことが明らかに不合理であると認められるような極限的な場合に限られるとの解釈に基づいて、第一審判決を破棄した原判決には、刑事訴訟法 338 条 4 号の解釈適用を誤った違法があるとの職権判断を示したうえ、原判決を破棄し

▼

	なければ著しく正義に反するとし、第一審判決に対する検察官の控訴を棄却する自判がなされた事例。
上下審	**控訴審**：名古屋高裁平成27年11月16日判決／刑集70巻8号927頁［28243638］〔破棄差戻〕 **第一審**：名古屋地裁岡崎支部平成26年3月20日判決／刑集70巻8号907頁［28223093］〔公訴棄却〕
評　釈	▶宇藤崇・法学教室437号（2017年）147頁 ▶中島宏・法学セミナー62巻4号（2017年）126頁 ▶指宿信・季刊刑事弁護90号（2017年）65頁 ▶櫻井義也＝伊神喜弘・季刊刑事弁護90号（2017年）69頁 ▶松代剛枝・平成28年度重要判例解説（ジュリスト臨時増刊1505号）（2017年）192頁 ▶三好幹夫・刑事法ジャーナル54号（2017年）163頁 ▶伊藤睦・速報判例解説〔21〕（法学セミナー増刊）（2017年）207頁 ▶川田宏一・ジュリスト1520号（2018年）108頁 ▶滝沢誠・論究ジュリスト26号（2018年）208頁 ▶川田宏一・法曹時報70巻10号（2018年）323頁 ▶山田峻悠（中央大学刑事判例研究会）・法学新報〔中央大学〕125巻5＝6号（2018年）117頁 ▶高橋理恵・学習院法務研究13号（2019年）203頁 ▶川田宏一・最高裁判所判例解説――刑事篇＜平成28年度＞（2019年）274頁 ▶川田宏一・最高裁　時の判例〔平成27年～平成29年〕〔9〕（ジュリスト増刊）（2019年）434頁

171

東京高裁令和元年12月5日判決［28280988］

◆判時2471号113頁／判タ1477号110頁／東高刑時報70巻89頁

〔原判決破棄自判〕＜上告＞

訴訟能力	肯定

事件名	住居侵入、強盗殺人、死体遺棄被告事件
判決要旨	被告人が3日間で3世帯の住人6人を殺害し金品を奪った住居侵入、強盗殺人、死体遺棄事件（熊谷6人殺害事件）で、被告人の完全責任能力を認めて死刑に処した原判決に対する控訴審で、訴訟能力に疑問が生じたのに公判手続を続けたのは刑事訴訟法314条1項に反する訴訟手続の法令違反であるとの控訴趣意に対し、被告人は統合失調症により精神能力等が減損し、弁護人との意思疎通もほとんど困難であったが、防御権行使に実質的な支障が生じていたとは認められず、被告人の訴訟能力は著しく制限されているが、欠けてはおらず、弁護人の適切な援助と裁判所の後見的役割により、なお訴訟能力を保持している状況にあったとして控訴趣意を排斥し、控訴審では症状が悪化しているが、防御権行使に実質的な支障が生じているとはいえず、公判手続を停止すべき場合には当たらないと判示された事例。
上下審	**上告審**：最高裁令和2年9月9日決定［28283767］〔棄却〕 **第一審**：さいたま地裁平成30年3月9日判決／判時2416号98頁［28261482］〔有罪〕

評　釈	▶小池信太郎・法学セミナー66巻2号（2021年）23頁 ▶稗田雅洋・刑事法ジャーナル68号（2021年）84頁 ▶徳永元（刑事判例研究会）・立命館法学398号（2021年）458頁

172

横浜地裁平成 16 年 5 月 25 日判決［28105318］
◆判タ 1183 号 341 頁
〔有罪〕＜確定＞

訴訟能力	肯定

事件名	現住建造物等放火、住居侵入未遂、住居侵入、窃盗被告事件
判決要旨	義叔母と同居する二世帯住宅に放火して建物を全焼させた現住建造物等放火等につき、精神病の治療歴のある被告人の犯行時の責任能力及び現在の訴訟能力がいずれも肯認された事例。

》3. 精神遅滞

173

さいたま地裁川越支部平成 18 年 10 月 12 日決定
[28135421]
◆判タ 1246 号 345 頁
〔公判手続停止〕＜抗告（後、抗告棄却・特別抗告、特別抗告棄却）＞

訴訟能力	否定

事 件 名	暴行被告事件
判決要旨	自閉症により非常に多岐にわたるコミュニケーション障害を有するうえ、中等度精神遅滞の領域にある被告人について、訴訟能力がないとして公判手続が停止された事例。

174

最高裁平成10年3月12日判決［28035196］
◆刑集52巻2号17頁/裁時1215号6頁/判時1636号149頁/判タ971号113頁/集刑273号37頁/裁判所ウェブ
〔破棄差戻〕＜差戻＞

訴訟能力	肯定

事件名	常習累犯窃盗被告事件
判決要旨	重度の聴覚障害及び言語を習得しなかったことによる二次的精神遅滞により精神的能力及び意思疎通能力に重い障害を負っている被告人が、刑事訴訟法314条1項にいう「心神喪失の状態」にはなかったと認められた事例。
上下審	**控訴審**：大阪高裁平成7年12月7日判決/刑集52巻2号144頁［28015218］〔破棄差戻〕 **第一審**：京都地裁平成3年10月22日判決/刑集52巻2号125頁［28015365］〔有罪〕

評　釈

▶中谷雄二郎・ジュリスト1137号（1998年）107頁
▶酒井邦彦・警察学論集51巻9号（1998年）201頁
▶岩尾信行・研修603号（1998年）19頁
▶宇藤崇・法学教室217号（1998年）120頁
▶梅林啓・法律のひろば52巻2号（1999年）43頁
▶渡辺修・判例評論480号（判時1658号）（1999年）246頁
▶中谷雄二郎・法曹時報51巻6号（1999年）157頁
▶安村勉・平成10年度重要判例解説（ジュリスト臨時増刊1157号）（1999年）186頁
▶清水真・法学新報〔中央大学〕105巻8＝9号（1999年）265頁
▶松本一郎・現代刑事法1巻2号（1999年）58頁
▶酒巻匡・ジュリスト1180号（2000年）92頁
▶中谷雄二郎・最高裁判所判例解説――刑事篇＜平成10年度＞（2001年）12頁
▶中谷雄二郎・最高裁　時の判例〔平成元年～平成14年〕〔4〕――刑事法編〔刑法・刑訴ほか〕（ジュリスト増刊）（2004年）221頁
▶指宿信・浅田和茂先生古稀祝賀論文集〔下〕（2016年）253頁

》4. 発達障害

175

さいたま地裁川越支部平成18年10月12日決定[28135421]

◆判タ 1246 号 345 頁

〔公判手続停止〕＜抗告（後、抗告棄却・特別抗告、特別抗告棄却）＞

訴訟能力	否定

事件名	暴行被告事件
判決要旨	自閉症により非常に多岐にわたるコミュニケーション障害を有するうえ、中等度精神遅滞の領域にある被告人について、訴訟能力がないとして公判手続が停止された事例。

》5. 聴覚障害

176

東京地裁八王子支部平成２年５月29日決定

[27921180]

◆判タ737号247頁

〔公判手続停止〕＜確定＞

訴訟能力	否定

事件名	尊属傷害致死被告事件
判決要旨	１級障害者である聴力障害者で、黙秘権の意味を理解させることが不可能であるものについて、心神喪失の状態にある者に準じて、公判手続を停止した事例。
評　釈	▶高田昭正・法学セミナー36巻２号（1991年）129頁

177

福岡高裁那覇支部平成16年2月3日判決[28115109]
◆高刑速（平16）189頁
〔控訴棄却〕

訴訟能力	肯定

事件名	常習累犯窃盗被告事件
判決要旨	生来的な重度聴覚障害者（聾唖者）で弁護人との意思伝達の困難があった被告人の常習累犯窃盗事件において、単純な万引事案で被告人は社会生活に支障のない程度の知能と判断能力を有し、同種前科による公判手続で刑事手続の理解を形成できる経験を有しているなどとして、その訴訟能力が肯定された事例。
評釈	▶渡辺修・甲南法務研究1号（2005年）23頁

178

最高裁平成10年3月12日判決［28035196］
◆刑集52巻2号17頁/裁時1215号6頁/判時1636号149頁/判タ971号113頁/集刑273号37頁/裁判所ウェブ
〔破棄差戻〕＜差戻＞

訴訟能力	肯定

事件名	常習累犯窃盗被告事件
判決要旨	重度の聴覚障害及び言語を習得しなかったことによる二次的精神遅滞により精神的能力及び意思疎通能力に重い障害を負っている被告人が、刑事訴訟法314条1項にいう「心神喪失の状態」にはなかったと認められた事例。
上下審	**控訴審**：大阪高裁平成7年12月7日判決/刑集52巻2号144頁［28015218］〔破棄差戻〕 **第一審**：京都地裁平成3年10月22日判決/刑集52巻2号125頁［28015365］〔有罪〕

評　釈

▶中谷雄二郎・ジュリスト1137号（1998年）107頁
▶酒井邦彦・警察学論集51巻9号（1998年）201頁
▶岩尾信行・研修603号（1998年）19頁
▶宇藤崇・法学教室217号（1998年）120頁
▶梅林啓・法律のひろば52巻2号（1999年）43頁
▶渡辺修・判例評論480号（判時1658号）（1999年）246頁
▶中谷雄二郎・法曹時報51巻6号（1999年）157頁
▶安村勉・平成10年度重要判例解説（ジュリスト臨時増刊1157号）（1999年）186頁
▶清水真・法学新報〔中央大学〕105巻8＝9号（1999年）265頁
▶松本一郎・現代刑事法1巻2号（1999年）58頁
▶酒巻匡・ジュリスト1180号（2000年）92頁
▶中谷雄二郎・最高裁判所判例解説――刑事篇＜平成10年度＞（2001年）12頁
▶中谷雄二郎・最高裁　時の判例〔平成元年～平成14年〕〔４〕――刑事法編〔刑法・刑訴ほか〕（ジュリスト増刊）（2004年）221頁
▶指宿信・浅田和茂先生古稀祝賀論文集〔下〕（2016年）253頁

》6. 異常な言動・行動

179

最高裁平成18年9月15日決定［28115304］
◆集刑290号367頁／判時1956号3頁／判タ1232号134頁／裁判所ウェブ
〔抗告棄却〕＜確定＞

訴訟能力	肯定

事件名	控訴棄却決定に対する異議申立て棄却決定に対する特別抗告事件
判決要旨	鑑定人等に対する反応、本案事件第一審公判当時の発言内容等から、申立人の訴訟能力を肯定した原々決定の判断が是認された事例。
上下審	控訴審：東京高裁平成18年5月29日決定／判時1956号7頁／［28115385］〔棄却〕 控訴審：東京高裁平成18年3月27日決定／判時1956号10頁［28135143］〔棄却〕
評釈	▶岩瀬徹・刑事法ジャーナル9号（2007年）173頁 ▶渕野貴生・速報判例解説〔1〕（法学セミナー増刊）（2007年）227頁 ▶石田倫識・法律時報80巻4号（2008年）135頁

180

東京高裁平成 13 年 4 月 26 日判決［28085241］
◆東高刑時報 52 巻 1 =12 号 26 頁 / 高刑速（平 13）76 頁
〔棄却〕＜上告＞

訴訟能力	肯定

事件名	殺人被告事件
判決要旨	原審の中途から異常な言動が認められ、控訴審の全公判期日に出頭しなかった被告人について、異常な言動のすべてが精神の異常からくるものとは認められないなどとして訴訟能力に欠けるところはないとされた事例。

責任能力・訴訟能力判断別索引

Ⅰ　責任能力

＜心神喪失＞

【判例番号】裁判年月日［判例 ID］		罪名
【041】	広島高裁令和2年9月1日［28283458］	殺人未遂
【023】	東京高裁平成31年4月24日［28272392］	殺人
【042】【138】	東京高裁平成28年5月11日［28241865］	殺人
【149】	東京地裁立川支部平成27年4月14日［28231619］	窃盗
【086】	大阪地裁平成26年9月3日［28224116］	殺人
【125】	京都地裁平成25年8月30日［28220211］	常習累犯窃盗
【008】	東京高裁平成25年3月28日［28231741］	公務執行妨害、傷害
【158】	横浜地裁平成24年3月21日［28180799］	道路交通法違反
【043】	神戸地裁尼崎支部平成22年4月19日［28185018］	現住建造物等放火
【104】	東京地裁平成20年5月27日［28155076］	死体損壊
【024】	東京高裁平成20年3月10日［28145353］	殺人、現住建造物等放火
【044】	大阪地裁平成19年2月28日［28145435］	殺人、殺人未遂
【087】	東京高裁平成18年11月13日［28145032］	殺人
【045】	福岡高裁那覇支部平成16年11月25日［28115114］	殺人未遂、銃砲刀剣類所持等取締法違反、殺人、傷害
【046】	大阪地裁平成15年9月16日［28095581］	殺人未遂・殺人
【025】	横浜地裁平成13年9月20日［28075356］	殺人、殺人未遂
【047】	名古屋高裁平成13年9月19日［28075034］	殺人
【048】	京都地裁平成8年11月28日［28025204］	窃盗、銃砲刀剣類所持等取締法違反、強盗殺人未遂、殺人、殺人未遂
【150】	大阪地裁平成6年9月26日［28025130］	業務上過失致死傷、道路交通法違反
【070】	神戸地裁平成6年5月10日［28025075］	殺人、傷害

【判例番号】裁判年月日［判例 ID］	罪名
【009】 大阪地裁平成5年9月24日［28019134］	強盗傷人
【088】 東京地裁平成5年4月14日［28019115］	殺人
【049】 大阪高裁平成4年10月29日［28025079］	殺人
【071】 千葉地裁平成2年10月15日［27922039］	殺人
【151】 神戸地裁尼崎支部平成2年9月3日［27922033］	強制わいせつ致傷、窃盗
【089】 浦和地裁平成元年8月23日［27922007］	殺人
【072】 大阪地裁平成元年6月28日［27922017］	傷害
【050】 東京地裁八王子支部平成元年6月26日［27922005］	強盗致傷
【090】 東京地裁平成元年5月19日［27922000］	殺人

＜心神耗弱＞

【判例番号】裁判年月日［判例 ID］	罪名
【026】【105】 大阪高裁平成31年3月27日［28271895］	覚せい剤取締法違反
【106】 東京高裁平成30年2月27日［28262350］	窃盗
【027】【110】 東京高裁平成29年7月25日［28265293］	殺人未遂、覚せい剤取締法違反
【091】 千葉地裁平成29年3月3日［28251017］	殺人
【126】 岡山地裁平成28年8月1日［28254029］	建造物等延焼
【051】 東京高裁平成23年5月12日［28211211］	殺人
【073】 東京高裁平成22年7月14日［28180906］	殺人
【074】 福岡高裁那覇支部平成22年3月9日［28166616］	殺人
【052】 最高裁平成21年12月8日［28155943］	殺人、殺人未遂、銃砲刀剣類所持等取締法違反
【053】 東京高裁平成21年9月16日［28175020］	殺人
【054】 東京高裁平成21年5月25日［28155841］	傷害致死
【055】 名古屋高裁平成20年9月18日［28165643］	窃盗、殺人、傷害
【139】 東京高裁平成19年5月29日［28155049］	殺人未遂、銃砲刀剣類所持等取締法違反

【判例番号】裁判年月日［判例ID］		罪名
【028】	東京高裁平成18年6月27日［28145069］	殺人、死体遺棄、殺人未遂、覚せい剤取締法違反
【010】	札幌高裁平成18年5月30日［28145112］	公務執行妨害、傷害
【056】	東京高裁平成18年11月21日［28145033］	窃盗
【083】【092】【111】	広島高裁松江支部平成18年9月25日［28135161］	殺人
【112】	東京高裁平成18年6月27日［28145069］	殺人、死体遺棄、殺人未遂、覚せい剤取締法違反
【093】	東京地裁平成17年3月23日［28105301］	航空機の強取等の処罰に関する法律違反、殺人、銃砲刀剣類所持等取締法違反
【075】	東京高裁平成15年12月9日［28095327］	現住建造物等放火、殺人、殺人未遂
【011】【029】	東京地裁平成15年7月8日［28095177］	強制わいせつ致傷
【030】	東京地裁平成14年3月25日［28085037］	強盗致傷、傷害、道路交通法違反
【012】	福岡高裁那覇支部平成12年12月26日［28075535］	道路交通法違反、業務上過失致死
【094】	東京地裁八王子支部平成10年10月26日［28045036］	殺人
【013】	福岡高裁平成10年9月28日［28045173］	殺人未遂、殺人
【057】【076】	東京地裁平成9年8月12日［28035205］	殺人、銃砲刀剣類所持等取締法違反
【031】	広島地裁平成9年8月5日［28035445］	覚せい剤取締法違反
【140】	東京地裁八王子支部平成8年9月11日［28025160］	現住建造物等放火
【058】	東京高裁平成8年2月19日［28035021］	建造物侵入、窃盗
【014】【127】	大阪高裁平成7年12月8日［28015007］	強姦致死、殺人
【128】	名古屋地裁岡崎支部平成7年11月27日［28015008］	非現住建造物等放火
【032】	名古屋高裁金沢支部平成7年2月9日［28025091］	殺人

【判例番号】裁判年月日［判例 ID］		罪名
【015】【033】【113】	東京高裁平成6年3月25日［28025122］	殺人
【129】	浦和地裁平成5年2月26日［28025094］	殺人
【001】	大阪高裁平成5年2月24日［28025072］	殺人
【016】	札幌高裁平成4年10月29日［28025078］	殺人
【152】	東京地裁平成4年3月2日［28019012］	窃盗
【059】	東京地裁平成3年10月15日［28019007］	傷害
【153】	大阪地裁平成3年6月26日［27922042］	殺人
【154】	浦和地裁川越支部平成2年12月26日［27917281］	殺人
【034】	浦和地裁川越支部平成2年10月11日［27917282］	覚せい剤取締法違反、殺人未遂、公務執行妨害、殺人、銃砲刀剣類所持等取締法違反、火薬類取締法違反
【130】	大阪地裁平成2年7月20日［27915738］	公衆に著しく迷惑をかける暴力的不良行為等の防止に関する条例違反
【131】	札幌地裁平成2年4月23日［27922021］	強盗致傷
【132】	札幌地裁平成元年10月24日［27922011］	殺人
【060】	東京高裁平成元年7月10日［27921150］	窃盗
【017】	東京高裁平成元年4月24日［27922002］	殺人、銃砲刀剣類所持等取締法違反
【061】	広島高裁平成元年3月23日［27922323］	殺人未遂

＜完全責任能力肯定＞

【判例番号】裁判年月日［判例 ID］		罪名
【121】	東京高裁令和2年11月25日［28292673］	窃盗
【035】	横浜地裁令和2年3月16日［28281255］	建造物侵入、殺人、殺人未遂、逮捕致傷、逮捕、銃砲刀剣類所持等取締法違反
【107】	東京高裁令和2年1月15日［28292981］	常習累犯窃盗

【判例番号】裁判年月日［判例 ID］		罪名
【062】	東京高裁令和元年 12 月 5 日［28280988］	住居侵入、強盗殺人、死体遺棄
【122】【141】	高松高裁令和元年 10 月 31 日［28274413］	常習累犯窃盗
【002】	東京高裁令和元年 8 月 27 日［28283644］	窃盗
【063】【077】【142】	大阪高裁令和元年 7 月 16 日［28273126］	殺人、銃砲刀剣類所持等取締法違反
【108】	東京高裁平成 30 年 7 月 10 日［28281613］	大麻取締法違反、昏睡強盗
【095】【143】	名古屋高裁平成 30 年 3 月 23 日［28262109］	殺人未遂、火炎びんの使用等の処罰に関する法律違反、器物損壊、殺人、現住建造物等放火未遂
【003】	京都地裁平成 29 年 11 月 7 日［28254528］	殺人、強盗殺人未遂
【096】【133】	福岡高裁那覇支部平成 29 年 10 月 19 日［28254017］	殺人
【004】	高知地裁平成 29 年 8 月 7 日［28253016］	窃盗
【144】	名古屋地裁平成 29 年 3 月 17 日［28251154］	殺人、銃砲刀剣類所持等取締法違反、窃盗
【036】	大阪高裁平成 29 年 3 月 9 日［28251054］	殺人、銃砲刀剣類所持等取締法違反
【005】	大阪高裁平成 28 年 9 月 14 日［28243602］	強盗殺人、営利・生命身体加害略取、逮捕・監禁、死体損壊・遺棄、窃盗、住居侵入、窃盗未遂
【078】	山口地裁平成 27 年 7 月 28 日［28241644］	殺人、非現住建造物等放火
【079】	最高裁平成 27 年 5 月 25 日［28231801］	殺人、殺人未遂、現住建造物等放火
【114】	福岡高裁平成 26 年 6 月 24 日［28240364］	住居侵入、殺人、窃盗、傷害、脅迫
【085】【097】【115】【134】	東京高裁平成 24 年 10 月 3 日［28220333］	強盗傷人

【判例番号】裁判年月日［判例 ID］	罪名
【103】　東京高裁平成24年9月12日［28222451］	殺人、殺人未遂、公務執行妨害、銃砲刀剣類所持等取締法違反
【018】　福岡高裁平成24年9月6日［28220351］	道路交通法違反、自動車運転過失傷害
【145】　東京高裁平成24年3月5日［28220320］	殺人未遂、殺人
【109】　東京高裁平成22年10月28日［28180921］	窃盗
【084】　東京高裁平成22年6月22日［28175868］	殺人、死体損壊、死体遺棄
【116】　東京高裁平成21年7月6日［28166801］	殺人
【098】　東京地裁平成21年6月4日［28165837］	殺人、殺人未遂
【064】　東京地裁平成21年3月26日［28155851］	殺人未遂
【146】　東京高裁平成21年3月2日［28175014］	殺人
【104】　東京地裁平成20年5月27日［28155076］	殺人
【006】　東京高裁平成20年5月15日［28145471］	現住建造物等放火未遂、窃盗、建造物損壊、建造物侵入、現住建造物等放火
【147】　東京高裁平成19年8月9日［28155055］	殺人未遂、傷害、銃砲刀剣類所持等取締法違反
【101】　山形地裁平成19年5月23日［28135339］	殺人、同未遂（変更後の訴因　住居侵入、殺人、同未遂）、銃砲刀剣類所持等取締法違反
【117】　最高裁平成18年1月17日［28115066］	誘拐、殺人、死体損壊、死体遺棄、わいせつ誘拐、強制わいせつ
【161】　仙台高裁平成17年11月22日［28135233］	傷害致死、殺人、殺人未遂
【019】　東京高裁平成17年3月4日［28115391］	現住建造物等放火、殺人
【065】　横浜地裁平成16年5月25日［28105318］	現住建造物等放火、住居侵入未遂、住居侵入、窃盗

【判例番号】裁判年月日［判例 ID］		罪名
【037】	東京高裁平成 16 年 3 月 2 日［28115098］	非現住建造物等放火、覚せい剤取締法違反
【038】	東京地裁平成 15 年 6 月 10 日［28085741］	殺人、死体遺棄、殺人未遂、覚せい剤取締法違反
【066】	東京高裁平成 15 年 9 月 29 日［28095402］	殺人、殺人未遂、銃砲刀剣類所持等取締法違反、傷害、暴行
【067】	大阪地裁平成 15 年 8 月 28 日［28095012］	建造物侵入、殺人、殺人未遂、銃砲刀剣類所持等取締法違反、傷害、暴行、器物損壊
【135】【159】	長野地裁飯田支部平成 14 年 10 月 8 日［28085046］	強盗殺人・窃盗
【080】	山口地裁下関支部平成 14 年 9 月 20 日［28085096］	殺人、殺人未遂、銃砲刀剣類所持等取締法違反
【039】	東京高裁平成 14 年 6 月 27 日［28095121］	毒物及び劇物取締法違反
【100】【118】【123】	新潟地裁平成 14 年 1 月 22 日［28075302］	未成年者略取、逮捕監禁致傷、窃盗
【162】	東京高裁平成 13 年 12 月 13 日［28075092］	殺人
【148】	東京高裁平成 13 年 8 月 30 日［28085499］	器物損壊
【163】	東京地裁平成 12 年 7 月 17 日［28075538］	殺人、殺人未遂、武器等製造法違反、爆発物取締罰則違反
【007】	東京高裁平成 12 年 12 月 11 日［28075525］	殺人、現住建造物等放火、傷害
【164】	東京地裁平成 11 年 9 月 30 日［28055180］	殺人、殺人未遂、武器等製造法違反
【040】	大阪地裁平成 11 年 1 月 12 日［28055164］	覚せい剤取締法違反
【081】	東京高裁平成 10 年 8 月 10 日［28055009］	強姦致傷、準強姦、名誉毀損
【068】【136】【160】	東京高裁平成 10 年 7 月 14 日［28055008］	常習累犯窃盗、建造物侵入、非現住建造物等放火
【102】	東京地裁平成 10 年 4 月 17 日［28045030］	殺人

【判例番号】裁判年月日［判例 ID］		罪名
【119】【124】	名古屋高裁平成 10 年 3 月 16 日［28045181］	傷害、強制わいせつ、殺人、死体遺棄
【137】	広島高裁平成 10 年 2 月 10 日［28035443］	殺人予備、殺人、銃砲刀剣類所持等取締法違反
【155】	東京地裁平成 9 年 7 月 15 日［28035674］	傷害
【165】	東京地裁平成 9 年 5 月 28 日［28035432］	武器等製造法違反
【069】【099】	東京地裁平成 8 年 8 月 20 日［28035015］	尊属傷害致死（変更後の罪名 傷害致死）
【156】	岡山地裁平成 8 年 7 月 17 日［28035016］	常習累犯窃盗
【020】	札幌高裁平成 8 年 4 月 25 日［28025014］	傷害致死
【157】	千葉地裁平成 6 年 8 月 8 日［28019082］	傷害、強姦致傷、強盗殺人、強盗強姦、恐喝、窃盗
【082】	横浜地裁平成 4 年 5 月 13 日［28019015］	殺人、死体損壊
【021】	長崎地裁平成 4 年 1 月 14 日［28019009］	傷害致死
【120】	東京地裁平成元年 12 月 21 日［27922016］	殺人、死体遺棄、窃盗
【022】	大阪地裁平成元年 5 月 29 日［27915730］	業務上過失致死傷、道路交通法違反

Ⅱ　訴訟能力

＜否定＞

【判例番号】裁判年月日［判例 ID］		罪名
【166】	東京高裁平成 29 年 12 月 8 日［28265318］	覚せい剤取締法違反
【167】	札幌高裁平成 29 年 3 月 14 日［28251058］	窃盗
【168】【170】	最高裁平成 28 年 12 月 19 日［28244519］	殺人、銃砲刀剣類所持等取締法違反
【173】【175】	さいたま地裁川越支部平成 18 年 10 月 12 日［28135421］	暴行
【176】	東京地裁八王子支部平成 2 年 5 月 29 日［27921180］	尊属傷害致死

＜肯定＞

【判例番号】裁判年月日［判例ID］	罪名
【171】 東京高裁令和元年12月5日［28280988］	住居侵入、強盗殺人、死体遺棄
【169】 京都地裁平成29年11月7日［28254528］	殺人、強盗殺人未遂
【179】 最高裁平成18年9月15日［28115304］	控訴棄却決定に対する異議申立て棄却決定に対する特別抗告
【172】 横浜地裁平成16年5月25日［28105318］	現住建造物等放火、住居侵入未遂、住居侵入、窃盗
【177】 福岡高裁那覇支部平成16年2月3日［28115109］	常習累犯窃盗
【180】 東京高裁平成13年4月26日［28085241］	殺人
【174】【178】 最高裁平成10年3月12日［28035196］	常習累犯窃盗

サービス・インフォメーション

通話無料

①商品に関するご照会・お申込みのご依頼
TEL 0120(203)694／FAX 0120(302)640

②ご住所・ご名義等各種変更のご連絡
TEL 0120(203)696／FAX 0120(202)974

③請求・お支払いに関するご照会・ご要望
TEL 0120(203)695／FAX 0120(202)973

●フリーダイヤル（TEL）の受付時間は、土・日・祝日を除く9:00～17:30です。

●FAXは24時間受け付けておりますので、あわせてご利用ください。

判例INDEX　刑事責任能力
―疾患別に見る裁判所の判断―

2023年3月15日　初版発行

編　集　第一法規「判例体系」編集部

発行者　田　中　英　弥

発行所　第一法規株式会社
〒107-8560　東京都港区南青山2-11-17
ホームページ　https://www.daiichihoki.co.jp/

装　丁　篠　　隆　二

判IN刑責　ISBN 978-4-474-09226-6　C3032（2）